無極限！

希臘神話事件簿

京都大學研究所 副教授
河島思朗 監修

陳姵君 譯

INTRODUCTION

引言

提到以希臘神話為題材的名著，就會令人想到荷馬（Homer）的《伊利亞特》、《奧德賽》，赫西俄德（Hesiod）的《神譜》、《工作與時日》，以及奧維德（Publius Ovidius Naso）的《變形記》等。其他像是許多希臘悲劇名作，也是以希臘神話為基底撰寫而成的。

希臘神話原是古希臘時代口耳相傳的故事，裡面出現眾多神祇，扮演著有如凡夫俗子般的愛恨情仇的戲碼。希臘神話的這些故事，後來便直接被當成古羅馬時代人們所信仰的神祇的傳說。而誕生於羅馬的拉丁文學作品，則以拉丁文稱呼希臘神話中的諸神名稱，故事本身也以拉丁文體傳誦。最終這些拉丁文名則由英語等現代語言所替代。

譬如，宙斯（Zeus）在拉丁文中對應Iuppiter，英語則以朱庇特（Jupiter）稱之。波賽頓（Poseidon）由Neptunus轉變為尼普頓（Neptune）、阿緹蜜絲（Artemis）從拉丁文讀音狄安娜轉變為黛安娜（Diana）、阿芙蘿黛蒂（Aphrodite）由威努絲轉變成維納斯（Venus）、雅典娜（Athena）則從彌涅爾瓦轉變為米娜瓦（Minerva）。

也由於此緣故，希臘神話在歐美人心目中並非「來自希臘的故事」，而是被當成「我們的故事」，並廣受喜愛，傳承至今。

實際上，不僅限於歐美的文學作品，取材自希臘神話，抑或從希臘神話獲得啟發的藝術作品亦不勝枚舉。換言之，希臘神話可說是了解歐美文化所不可或缺的知識之一。究竟，為何希臘神話會如此廣為人們喜愛呢？

其中一項原因在於，希臘神話所描寫的神祇都很有個性。貴為天神自然擁有人類無法企及的魅力與法力，可是各種性情卻又相當貼近人性，其所作所為有時高尚可貴，有時卻荒腔走板，散發著讓人難以捉摸的吸引力。

也因如此，這些人物亦大量被引用至日本漫畫與電玩中，相信應該有很多人是透過這些作品而接觸到希臘神話，進而想更加了解這些故事的吧。本書為響應讀者們「想知道希臘神話在講什麼」的需求，收集了眾神們八卦的故事，希望能讓大家對希臘神話更有親近感。

期盼本書對讀者們而言會是一本讀起來感覺有趣、忍不住莞爾一笑，又能吸收到豐富知識的作品。

監修　河島思朗

八卦無極限！ 希臘神話事件簿 目次

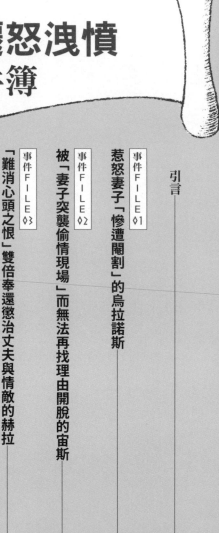

第1章
嫉妒與遷怒洩憤事件簿

第2章 愛與悲情事件簿

第3章 憤怒與制裁事件簿

第4章 好勝心與自尊心作祟事件簿

第5章

謊言與爾虞我詐事件簿

第6章

神格掉價事件簿

第7章
陰溝裡翻船事件簿

第1章

嫉妒與遷怒洩憤事件簿

事件FILE 01

惹怒妻子「慘遭閹割」的烏拉諾斯

【烏拉諾斯 Uranus】

「天空之神」，娶混沌（Chaos，字面意思為裂縫）所生之神蓋亞（大地女神）為妻，是首位統治全世界的霸主。烏拉諾斯三番兩次將剛出生的孩子丟往塔爾塔羅斯（Tartarus）地獄，蓋亞因而怒火中燒，將金剛鐮刀交給兒子克洛諾斯（Kronos），命其弒父，並助其奪下統治權。

過去在日本也曾發生過「阿部定事件」，這是一起女性切斷男性生殖器的命案。不但在當時引起軒然大波，後來還被改編成電影，相信應該也有讀者聽聞過此事吧？

對世間男性而言，命根子被剁下這種事光想像都覺得驚駭，不過阿部定事件的始祖乃是『蓋亞的黎明』中的大地女神蓋亞。

希臘神話中所描述的世界創造過程，最初為混沌（裂縫）誕生，接著蓋亞降世。後來蓋亞與自己所生的第一個孩子烏拉諾斯（天空）結為連理，不斷生下子女。

讀到這裡我想大部分的讀者應該會感到驚訝，覺得「這是什麼情形？」烏拉諾斯是蓋亞

的兒子，也就是說母親與小孩成婚結為夫妻。這等於亂倫，若在當今的時代，這樣的婚姻是絕對不見容於世的。

然而彼時的希臘神話乃處處都是親子、兄弟姊妹的世界，無論如何，終究還是會演變成近親亂倫。

先不追究此事，總之烏拉諾斯與蓋亞生下了為數眾多的孩子。如果只是這樣的話倒也可喜可賀，但烏拉諾斯卻不斷將這些親骨肉丟往塔爾塔羅斯。

塔爾塔羅斯是位於冥界最底端的處所，與眾神生活的天界相隔十萬八千里。被關押在此的皆為背叛眾神的罪大惡極之徒，而這裡也是大名鼎鼎的宙斯後來放逐敵對之神的地方。眼看自己的孩子被丟到如此駭人的地方，想當然爾，蓋亞一定無法視若無睹。

這樣的蓋亞，遂對既是夫婿亦是親骨肉的烏拉諾斯燃起報復之心，並將金剛鐮刀授予小兒子克洛諾斯，命令孩子們「打倒父親」。

在日本戰國時代，的確也有擊垮父親藉機篡位而一躍成為主君的武將。雖說克洛諾斯是神不是人，但要手刃親生父親，想必也需要相當大的勇氣與決心。尤有甚者，如果是母親自己下手也就罷了，居然命令心肝寶貝犯下弒親之罪，蓋亞也真是個狠角色。

蓋亞唆使兒子克洛諾斯襲擊對這一切毫不知情而前來相見的夫婿烏拉諾斯。克洛諾斯則以母親授予的金剛鐮刀毫不留情地割下烏拉諾斯的命根子並扔得老遠。

個人未曾有過這樣的經驗，不知這究竟有多痛，但烏拉諾斯慘遭兒子割下命根子，而且再也找不回來，後來只得對蓋亞與克洛諾斯言聽計從。

阿芙蘿黛蒂的出生祕密

就這樣，眾神世界的掌權者從烏拉諾斯變成克洛諾斯。在古代中國，和平轉讓權力稱之為「禪讓」，不過在希臘神話中，以暴力方式強奪才是最普遍的做法。

烏拉諾斯被兒子割斷陽具，只好隱退，只要想到他的不甘心、無望、羞辱，儘管他對孩子們做了殘酷的事，還是不免讓人同情和苦笑。

話說回來，烏拉諾斯被割下扔掉的陽具，下落如何呢？其實，烏拉諾斯的命根子在海上漂流一段時間後，周圍開始冒出白色泡沫，一名美麗的少女就此誕生。

更令人驚訝的是，這名少女還是代表愛與美以及豐饒的女神阿芙蘿黛蒂。

阿芙蘿黛蒂會在後續篇章登場，不過**從被割斷的陽具出生的代表美麗的女神**，真可說是一件讓人看傻眼又聳動的事件。

小知識

蓋亞教唆克洛諾斯打倒烏拉諾斯，接著幫助宙斯打敗克洛諾斯，日後更策畫推翻宙斯，三度籌謀顛覆王權。完全體現了「事件背後都有個關鍵女人」這句話。

被「妻子突襲偷情現場」而無法再找理由開脫的宙斯

【宙斯 Zeus】

至高無上之神、天空統治者。為克洛諾斯與瑞亞（Rhea）之子。戰勝泰坦神族，獲得霸權。武器為具有無敵威力的雷電，與眾多女神和凡間女子譜出各種風流韻事，子女成群廣為人知。為奧林帕斯（Olympus）十二主神之一。

希臘神話中地位最高、最有名的天神即為宙斯。然而宙斯卻風流成性，不管是女神也好，凡間女子也罷，只要看上眼必定出手求愛。另一方面，宙斯的正宮赫拉（Hera）是絕對不容許丈夫出軌的婚姻女神，因此總是緊迫盯人，以防宙斯又在某處搞婚外情，只要得知偷腥地點就會立即飛奔過去。

某天，對伊娥（Io）這名美女心生愛慕的宙斯，熱切表白道：「妳是配得上眾神之王宙斯的女子。來吧，隨我進入那片茂密森林的幽暗處吧。」伊娥感到恐懼拔腿就跑，宙斯便施展法術，讓大地陷入一片黑暗，攔截了落荒而逃的少女並奪走其處子之身。

放眼人世，有些男人看到美女時就會忍不住出聲攀談。但大多都只是打招呼的程度而已。然而宙斯卻是「發現美女＝必定納為己有」，因此被宙斯看上眼的女性只能以不幸來形容。

到此為止宙斯偷情不斷。不過這次卻立刻被赫拉識破，並在現場被逮個正著，就算是情場老手宙斯也不由得慌了起來。

為何赫拉會發現此事呢？

宙斯為了攔下伊娥，召來烏雲，讓四周宛如夜晚般漆黑，完美詮釋何謂神力無邊。但在諸神中擁有此等法力者，除了宙斯之外再無其他。因此才讓赫拉發現。

「如果不是我搞錯，這無疑是對我這個做妻子的一大汙辱。」

全天下能做出這種事的唯有宙斯。而背後原因只有一個，那就是發現美女搞外遇，所以赫拉才會認為宙斯此舉形同汙辱自己。

怒不可遏的赫拉立即下凡，命令烏雲散去。這下宙斯措手不及。正與伊娥激情纏綿打得火熱，卻被妻子當場抓姦而無從抵賴的宙斯，急中生智將伊娥變成一頭雪白母牛，以逃避赫拉的追殺。然而，赫拉卻道高一尺，對著掰理由解釋牛隻來歷的宙斯說道：

「請把這頭牛給我。」

宙斯眼見紙包不住火，明白若是拒絕交出牛隻，就等於承認自己偷情，逼不得已只好將母牛（伊娥）交給赫拉，而赫拉則將母牛帶到百眼巨人阿爾戈斯（Argos）所在處，命其看守監視。

赫爾墨斯英雄救美

阿爾戈斯擁有百眼，也就是說即使其中幾顆闔眼入睡，其他的眼睛仍醒著，使其能在不眠不休的狀態下堅守崗位。可憐的伊娥根本無法脫逃，只能吃草，席地而睡。即便想開口哀求阿爾戈斯，卻只能發出牛叫聲。

一心想救出伊娥的宙斯苦思對策。喚來很會動歪腦筋的兒子赫爾墨斯（Hermes），命其殺了阿爾戈斯以解救伊娥。赫爾墨斯為了讓總是有部分眼睛開開，絕不入睡的阿爾戈斯進入夢鄉，遂假扮成牧羊人，手持催眠魔杖悄然接近。

對喬裝後的赫爾墨斯沒有戒心的阿爾戈斯將赫爾墨斯招到身旁：「我不知道你是誰，但允許你與我同坐在這塊岩石上」。阿爾戈斯聆聽著赫爾墨斯的笛音與花言巧語，不知不覺間進入夢鄉，一百隻眼睛全都闔上。赫爾墨斯見狀揮舞魔杖讓阿爾戈斯睡得更沉，接著以鐮刀砍下阿爾戈斯的頭，往岩石下方丟去。

伊娥就這樣逃離了阿爾戈斯的看守。

俗話說「夫妻吵架連狗都不想理」，但宙斯、赫拉這對夫妻卻總讓接到燙手山芋的對方倒大楣。

小知識

為悼念慘死於赫爾墨斯刀下的阿爾戈斯，赫拉將其眼珠裝飾在自身所豢養的孔雀尾羽上。相傳後來孔雀尾羽便具有百眼斑紋。

「難消心頭之恨」雙倍奉還懲治丈夫與情敵的赫拉

【赫拉 Hera】

宙斯的正室，奧林帕斯女王，亦為女性婚姻、生育、家庭生活的守護神。但因宙斯風流成性，善妒的形象深植人心，也經常出於嫉妒而迫害宙斯的情婦與私生子。為奧林帕斯十二主神之一。

宙斯慣性偷吃的確很傷腦筋，不過更讓偷腥對象的女性們覺得頭大的是，宙斯大老婆赫拉的嫉妒與怒火。因此，如果可以的話她們其實想避得遠遠的，但宙斯畢竟是神祇中的天王，要逃出其掌心也絕非易事，只能說真的是一對很令人傷腦筋的夫妻。

人們對赫拉的怒火分為兩派看法。

一派是譴責其善妒心態與殘忍手段，另一派則是稱許其所作所為，盡顯身為女性守護神的氣概。

只不過，無論贊成哪種看法，被宙斯看上眼的女神或女性，大多都會受到嚴厲懲罰乃不

爭的事實。發生在公主塞墨勒（Semele）身上的事件就是其中一個例子。

建造底比斯（Thebes）這座城市，成為首位君王的卡德摩斯（Cadmus），有個女兒名叫塞墨勒。宙斯傾心於塞墨勒的美貌，將之納為己有，並讓她懷了後來成為酒神的戴歐尼修斯（Dionysus）。得知此事的赫拉則暗中發誓：

「從以前到現在不知跟宙斯為這種事吵過多少次，但有用嗎？與其爆發口角，還不如收拾掉狐狸精，讓那個女人不得好死。」

留下此番毛骨悚然宣言的赫拉，來到塞墨勒居住的豪宅，變身成一名容貌肖似塞墨勒奶媽貝蘿伊的老婆婆。

塞墨勒與闊別許久的奶媽重逢，忍不住

聊了許多事，當她提到宙斯時，變身為奶媽的赫拉如是道：

「妳確定那位真的是宙斯大神嗎。畢竟至今實在有太多自稱是神而直搗貞女深閨的野男人。下次見面時不如央求那位宙斯大人，請祂以原本的偉大樣貌來抱妳入懷。」

對赫拉的巧妙話術深信不疑的塞墨勒，默默決定下次宙斯來訪時便要照著這麼做。

妒火中燒燒不停

某天，宙斯大駕光臨，塞墨勒便開口要求「請讓我看看您的真面目」，宙斯聞言大感詫異，但終究無法駁回塞墨勒的請求，只得硬著頭皮登上天界，盡可能調降法力，以原本的雷電之神樣貌出現在塞墨勒面前。然而，凡人之軀的塞墨勒承受不住伴隨著宙斯出現的閃電雷鳴，當場活活燒死。

對宙斯而言，塞墨勒是懷著自己骨血的可人兒，卻被自己的法力所傷而香消玉殞，再沒有比這更殘酷的事了。不過，更可怕的莫過於用計雙雙懲罰宙斯和塞墨勒的赫拉。

於此同時，宙斯想盡辦法搶救尚未出世的孩子，**將戴歐尼修斯自母胎內取出，並縫入自己的大腿裡。待胎兒已發育完全後，再從大腿取出，使戴歐尼修斯誕生於世。**

話雖如此，赫拉應該無法容忍可恨的塞墨勒之子還活著這件事。於是宙斯便將戴歐尼修斯託給塞墨勒的妹妹伊諾（Ino），由她代為撫養。

過了一陣子後，得知此事的赫拉再度暴怒，令伊諾及其夫婿阿塔瑪斯（Athamas）發瘋。結果導致發狂的阿塔瑪斯誤將大兒了勒阿爾科斯（Learchus）當成鹿射殺，神智不清的伊諾則將小兒子米利色特斯（Melicertes）丟進鍋內殺害，接著抱著屍體跳海自盡。

葬身海中的伊諾與米利色特斯最終成為海神成員（白色女神琉科泰婭Leukothea與帕萊蒙Palaimon），但是只要惹怒赫拉，就會受到如此嚴厲的懲罰。

若赫拉的怒氣只針對宙斯一人而非其他女性的話，大家也不必這樣受盡苦楚。只能說偉大的神祇們或偉大的夫妻發生爭執時，對凡人來說永遠都是很棘手的問題。

小知識

希臘神話中有許多神與人所生的孩子登場，若為半人半神血統，無論多威武的英雄也難逃一死。然而，戴歐尼修斯是在宙斯體內孕育長大的，因此是不折不扣的不死之神。

事件FILE 04

幫助姊姊逃過赫拉「禁生令」阻撓的阿斯忒瑞亞

【阿斯忒瑞亞 Asteria】

泰坦神族科俄斯（Coeus）與福柏（Phoebe）之女，勒托（Leto）的妹妹。與珀爾修斯（Perseus）生下赫卡忒（Hecate，能為人類帶來所有的幸福，後來被視為與冥界有所關聯，亦成為掌管幽靈和法術的女神，一般皆認為會於三岔路現身）。

宙斯雖是希臘眾神中地位最高的天神，但性好漁色，我行我素處處留情。而且對象不限凡間女子，就連女神也不放過。

宙斯的首位交合對象為智慧女神墨提斯（Metis）。接下來則與正義女神忒彌斯（Themis）、狄俄涅（Dione）、歐律諾墨（Eurynome)）生下孩子。在迎娶赫拉作為正妻後，依舊與眾多女神和女性發生關係，子女成群。

宙斯風流成性實在不應該，然而大老婆赫拉並沒有仁慈到可以默許丈夫這樣胡亂搞。不知是出於嫉妒，還是純粹想整宙斯，赫拉處心積慮對付身懷宙斯骨肉的女神們，動輒給予嚴

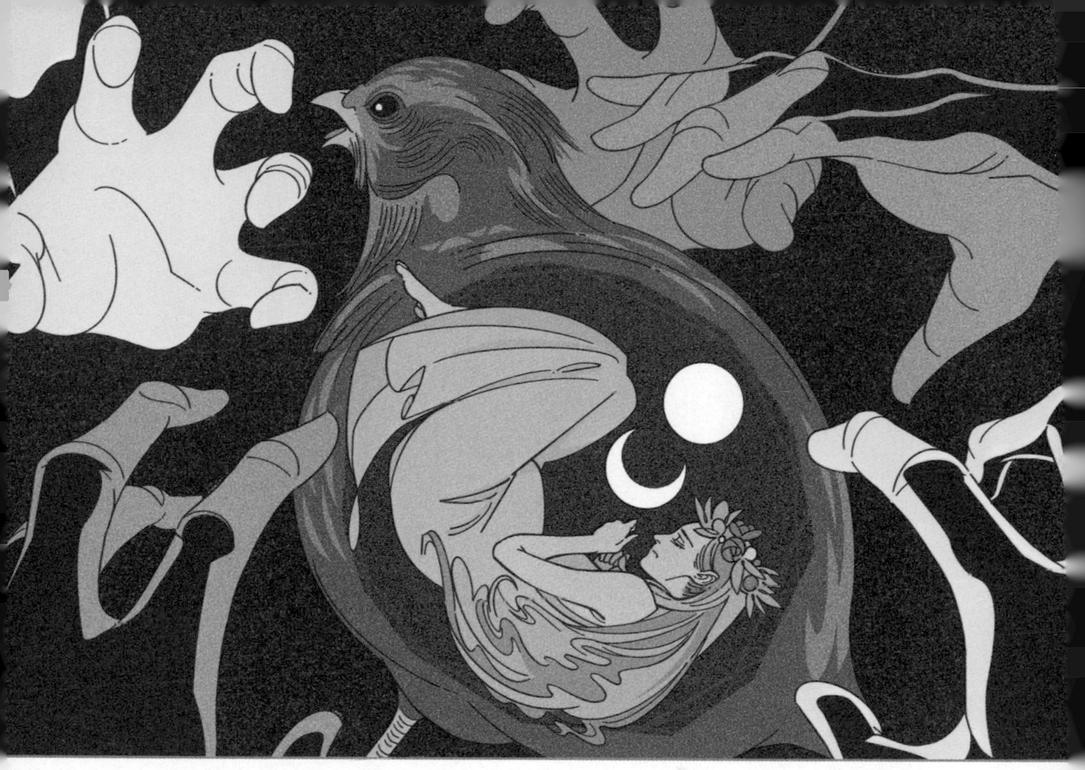

懲而引發各種事件。

最知名的事件之一就是，與宙斯生下阿波羅（Apollo）和阿緹蜜絲（Artemis）雙胞胎的勒托在有喜之後所遭受的迫害。

勒托懷孕之際，**赫拉因妒恨在心而對全世界下達禁止提供勒托生產處所的命令。**一旦赫拉出手干預，即便身為女神的勒托也無法誕下孩子。

因此，儘管已屆臨盆，勒托卻不能休息待產，也無法將孩子生下來。

對窮途末路的勒托伸出援手的則是名為奧提伽島（Ortygia，意為鵪鶉島）的浮島。這座島嶼是勒托的妹妹阿斯忒瑞亞所化身而成的，而且亦非固定於一處的土地，因此不在赫拉「不得向勒托提供生產處所」命令的管轄範圍內。

話說，阿斯忒瑞亞之所以會化身成奧提伽島這座浮島，其實是為了逃離赫拉夫婿，也就是宙斯的魔掌。

被宙斯求愛的阿斯忒瑞亞為了逃出其手掌心而變身為鵪鶉，從天際跳入海裡化作浮島，換來在海上漂流的悲慘命運。也就是說，她會願意幫助無處產子的姊姊勒托，其實是再自然不過的事。

變本加厲的迫害

好不容易才找到分娩場所的勒托，持續陣痛了九天九夜，依舊無法生下孩子。原因就在於，善妒的赫拉又在此時從中作梗。

分娩必須借助生育女神厄勒堤亞（Eileithyia，宙斯與赫拉的女兒）之力，但因赫拉的阻饒，厄勒堤亞無法前去幫勒托接生，導致勒托受盡折磨。

然而，不忍再見到勒托受苦的其他女神們，向厄勒堤亞提議：

「若妳能助勒托平安生下孩子，我們必當回贈大禮答謝。」

聞言大喜的厄勒堤亞因而違背赫拉之命，前往勒托所在處。在她的相助之下，勒托先誕下阿緹蜜絲，剛出生的阿緹蜜絲立刻扮演產婆的角色，幫助勒托分娩，接著阿波羅也平安來到世上。

從此以後，阿緹蜜絲便被視為誕生、多產以及兒童守護神，**而阿波羅所誕生的浮島，奧提伽島則被稱為提洛島（Delos），意指光輝之島**。這裡是古希臘的聖地，亦成為希臘化時代的宗教、政治、商業中心而大為繁榮。

赫拉出於對宙斯的怨恨，無所不用其極地迫害勒托，不過勒托最終成為兩位知名神祇的母親，妹妹阿斯忒瑞亞也幻化為位居世界中心的島嶼。

有時妻子的怨火不見得會發洩在丈夫身上，反而會針對小三出氣。換句話說，被宙斯求愛，就等於隨時隨地都會受到赫拉堪稱恐怖的打壓。畢竟赫拉是掌管婚姻與子女的神祇，貞操觀念根深蒂固，情婦們會遭受到這樣的對待也是無可奈何的事。

小知識
赫拉的醋罈子不是普通的大，導致許多女神和女性深受其苦。赫拉本身是婚姻與捍衛妻子地位的守護神，貞操觀念強烈，不曾與宙斯以外的男性有過肉體關係。

事件FILE 05

為守護「身為母親的尊嚴」而將對方孩子趕盡殺絕的 勒托

【勒托 Leto】

泰坦神族科俄斯與福柏之女。被宙斯看上眼而成為阿波羅與阿緹蜜絲之母。最知名的事蹟莫過於生產時蒙受宙斯妻子赫拉出於嫉妒所使出的各種迫害。

希臘諸神的自尊心非常強，若不小心把「我比那位神祇更優秀」這種事說溜嘴，當事神得知後絕對不會善罷干休，隨之而來的復仇行為將極為冷酷殘忍。

獲得宙斯寵愛並成為阿波羅與阿緹蜜絲之母的勒托，令宙斯之妻赫拉無比嫉妒。然而，勒托本身是兩大知名神祇的母親，情人則是王者宙斯，因此會有點自我感覺良好可謂再正常不過的事。

而在不容他人藐視的勒托背後嚼舌根，下場變得極為不幸的，則是坦塔羅斯（Tantalus）的女兒，底比斯王安菲翁（Amphion）之妻尼俄柏（Niobe）王妃。

尼俄柏有許多孩子，不過實際人數則眾說紛紜，相傳為七男七女。尼俄柏曾說道：「勒托只有阿波羅和阿緹蜜絲這兩個孩子，我的子女可比她多得多，所以我大勝勒托。」

情勢優劣或幸福與否是無法透過擁有多少孩子來判斷的。更何況拿女神勒托來比較，還失言說出「我贏過她」，勒托當然吞不下這口氣。

氣沖沖的勒托於是命令親骨肉阿波羅與阿緹蜜絲懲罰尼俄柏。阿波羅是相貌俊秀的天神，但發起怒來是很可怕的，甚至會射箭殺人。阿緹蜜絲亦然，這位貌美的處女有時會化身成獵人，縱橫於山野之間追擊鹿隻，有時也會朝凡人放箭。

被這兩名身手了得的天神盯上，尼俄柏的孩子們根本無從招架。為了替母親勒托討回被尼俄柏汙辱的名譽，阿波羅射殺了尼俄柏在山上打獵的所有兒子，阿緹蜜絲則射殺了尼俄柏在王宮內的所有女兒，趕盡殺絕，一個都不留。

每當諸神的自尊心受到傷害時，總是會興起一場腥風血雨的復仇記。

禍從口出

話雖如此，為何阿波羅與阿緹蜜絲會做出這種殺無赦的殘暴行為呢？除了維護母親的名譽之說外，還有一說指稱，尼俄柏不僅自豪子女人數，還侮辱了阿波羅與阿緹蜜絲的外貌與裝扮。

據傳尼俄柏曾傲慢地表示，阿緹蜜絲捲起衣服下襬的穿著簡直像個男人，又嫌阿波羅的服裝垂墜飄搖，頭髮太長，還說相形之下自己的兒子比較出色。

若此傳聞屬實的話，也難怪不只勒托，就連阿波羅和阿緹蜜絲都感到氣憤難耐「尼俄柏是在囂張什麼」。正所謂禍從口出，不得不慎。

不過，最可悲的還是不小心說出不該說的話，而失去心愛兒女的尼俄柏。痛失骨肉的尼俄柏哭著化身為西皮洛斯山（Sipylus）的石頭，據傳這顆石頭會流下眼淚悲嘆孩子們的慘死際遇。相傳家破人亡而極欲報仇的底比斯王安菲翁則殺往阿波羅神殿，卻與子女們一樣命喪阿波羅箭下。

神祇不會放過人們的傲慢無禮。發怒時的復仇行動，絕對堅守「徹底制裁」的原則。

小知識

在社團受到學長姊嚴格管教的菜鳥，日後若不是對學弟妹很好，不然就是跟學長姊一樣兇。深受赫拉妒意所苦的勒托，對尼俄柏則是有仇必報「加倍奉還」。

事件FILE 06

「事出偶然也絕不輕饒」甚至不容對方辯解的阿緹蜜絲

【阿緹蜜絲 Artemis】

狩獵與純潔女神。為宙斯與勒托之女，與阿波羅為孿生姊弟。和阿波羅一樣手持弓箭，喜愛在山野打獵。亦為誕生、多產以及幼童和幼獸守護神。為奧林帕斯十二主神之一。

偷看女性裸體當然是犯罪又可恥的行為。可是倘若當事人沒有這樣的意圖，卻偶然撞見時該如何處置呢？

明明並非故意為之，卻受到嚴厲懲罰，甚至被奪走性命，這樣的處理方式只能以過分來形容。

而這起事件的始作俑者阿緹蜜絲，則是宙斯與勒托之女，與阿波羅為孿生姊弟。宙斯相當溺愛這位心肝寶貝，即使女兒開出一長串的願望清單，也一律「有求必應」，把愛女寵上天。因此阿緹蜜絲可說是既任性又很好強的女神。

阿緹蜜絲喜愛狩獵，經常偕同寧芙（Nymph）仙女們跑遍山野，逐鹿射箭，既是掌管狩獵的女神，亦是毫無男性經驗相當潔癖的處女神。

某天，打完獵大感疲憊的阿緹蜜絲如同往常般，在森林深處一座湧泉洞窟內沐浴，而阿克泰翁（Actaeon）則在偶然間誤闖此地。阿克泰翁是阿里斯泰俄斯（Aristaeus）與奧托諾厄（Autonoe）之子，由半人馬族（Centaurus）的凱隆（Chiron）撫養長大，習得一身狩獵本領，是位名氣響亮的獵人。

一如以往帶著大批獵犬前來打獵的阿克泰翁，一腳踏進這座偶然發現的洞窟內，沒想到卻撞見一絲不掛正在沐浴的阿緹蜜絲身影。

阿克泰翁大吃一驚，然而更加驚慌失措的則是發誓永保貞潔的阿緹蜜絲。若她手邊有弓箭的話，必定立即放箭攻擊阿克泰翁，可惜事與願違，只好退而求其次，將泉水潑向阿克泰翁，並發出詛咒：

「你想到處張揚見過我的裸體也無所謂。前提是，如果你有辦法這麼做的話。」

阿緹蜜絲只留下這句威脅，阿克泰翁聞言看向自己的身體，發現頭上竟長出角來，手臂則變成一雙前腿，全身上下在轉瞬之間被毛皮覆蓋。阿克泰翁居然變成一頭以往被自己視為獵物的鹿。

看見自己映照在水面的模樣，阿克泰翁忍不住驚呼「這也太慘了吧」，卻已無法發出言語。他現在只煩惱究竟是該回到家裡，還是以這副悲慘模樣藏身在森林裡才好。

被自身所飼養的獵犬追殺而一命嗚呼

然而，變成鹿的阿克泰翁所面臨的頭號勁敵，卻是被他帶出門的獵犬們。這批優秀的獵犬對變成鹿的阿克泰翁緊追不捨。被自身飼養的狗兒追得無處可逃的阿克泰翁吶喊著「我是阿克泰翁啊，是你們的主人呀」，但既已成鹿自然也無法說出這些話。

可憐的是，阿克泰翁就這樣被自己所飼養的獵犬大卸八塊，氣絕身亡。而且相傳直到阿克泰翁斷氣前，阿緹蜜絲仍餘怒未消，但這樣的下場實在太過殘忍。

話說回來，**阿緹蜜絲並非總是如此冷血殘酷，畢竟其為誕生、多產以及幼童的守護者，也是助產之神。**一般皆相信，保護稚子與幼獸，守護其成長也是阿緹蜜絲的職責之一。因為無意間的過失而目睹阿緹蜜絲玉體的阿克泰翁，只能說實在太不走運，令人無限憐憫。

就阿克泰翁的立場來看，自己並非故意冒犯，怎可不由分說地說罰就罰，至少應該給個解釋的機會吧，但不容辯解，專斷獨行是希臘諸神們的一貫作風。

要與這樣的神祇共處，人類也是戰戰兢兢，為避免惹其不快，也難怪供品總是擺好擺滿，不敢怠慢。

小知識

阿緹蜜絲雖是青春嬌嫩的處女獵人，但因觸怒祂而倒大楣的故事卻是不勝枚舉。其法力甚至能撂倒巨人阿洛伊代（Aloadae），若小看阿緹蜜絲「不過就是個女子」，可是會在瞬間墜入地獄的。

神祇・英雄介紹 1

【宙斯】

希臘神界地位最高的神祇、天空統治者。其祖父烏拉諾斯之名即代表「天空」之意，宙斯則是掌管各種氣象現象（下雨、風暴、打雷等）的神祇，英文則將其稱之為朱庇特。

宙斯是泰坦神族克洛諾斯與瑞亞的孩子，但父親克洛諾斯卻因聽信「自己將被瑞亞所生之子消滅」的預言，而接二連三地將甫出生的孩子吞下肚。然而，母親瑞亞強烈希望能將最後出世的宙斯平安撫養長大，便以襁褓包裹一顆與新生兒差不多大的石頭，讓克洛諾斯吞下，因此只有宙斯得以順利成長。

長大後的宙斯聽從祖母蓋亞的指示，並借助智慧女神墨提斯之力，讓父親克洛諾斯服下嘔吐藥，成功救出波賽頓、黑帝斯（Hades）、赫拉與狄蜜特（Demeter）等手足。接下來，宙斯還邀請志同道合的眾神們齊聚奧林帕斯山，與尊崇父親克洛諾斯為王的泰坦神族交戰，大獲全勝，成為奧林帕斯眾神之王。

從此統治天下君臨世界的宙斯，卻極度熱愛拈花惹草，與眾多女神和凡間女子發生親密關係，所以妻子赫拉才會處心積慮地想教訓執迷不悟的丈夫，不遺餘力地打壓其情婦與私生子。無論對神還是對人而言，都可說是一對非常難纏的夫婦。

第2章

愛與悲情事件簿

事件FILE 07

「悲戀未果」不懂適時放手的美男子

阿波羅

【阿波羅 Apollo】

光明與預言之神，與阿緹蜜絲為孿生姊弟。為絕世美男子，手持弓箭與豎琴。身兼神諭發言人，負責將預言傳達給凡人，亦為掌管音樂、醫術、箭術、畜牧之神。為奧林帕斯十二主神之一。

阿波羅是預言、醫術、畜牧之神，同時也是知名的豎琴與弓箭好手。而且，**阿波羅大多被描繪成俊美青年。**

與阿波羅這位美男子相關的戀愛故事其實相當地多。其中阿波羅與初戀情人，河神帕紐斯（Peneus）之女，達芙妮（Daphne）之間的戀情，最終卻以非常悲傷的結局收場。其實，導致這場悲劇的原因，就在於阿波羅輕率又不經大腦的發言。

某天，阿波羅看見正把玩著弓箭的邱比特（Cupid）時，對其說道：

「淘氣的小傢伙，你有辦法駕馭如此強力的武器嗎？我才是最有資格將它們揹在肩上的

不二人選。我一出手就能確實射傷野獸與敵人。你啊，只要耍耍火把點燃什麼莫名其妙的愛火就該覺得滿足了。就乖乖把這副弓箭交給我吧。」

換句話說，阿波羅的言下之意就是，邱比特拿這副弓箭根本沒有用。聞言大怒的邱比特反駁道：

「阿波羅叔叔，我相信您的弓箭可以射穿所有東西。不過，我的弓箭可是要射您的喔。如同所有生物的能力都不及神祇那樣，您的本事也絕對不及我。」

語畢，邱比特飛到半空中射出兩支箭。射向阿波羅的第一支箭會讓人動情，第二支會使另一方失去好感的箭則射向達芙妮。

中了邱比特招數的阿波羅立刻情不自禁

地愛上達芙妮，然而達芙妮卻變得莫名厭惡男性的追求。

阿波羅是預言之神，原本理當預料到自身戀情的結果。不過，即便是預言之神面對愛情似乎也會變得盲目，甚至完全沒想過達芙妮其實討厭自己。

預言之神也無法看透女人心

邱比特的箭就是具有如此強大的威力。

阿波羅不斷祭出甜言蜜語，拚命追求達芙妮。然而，依舊無法打動拒絕與男人有肌膚之親，竭盡所能維護處子之身的達芙妮。即便阿波羅是希臘神話的美少年代表，但在這段關係中不過是個令人退避三舍的跟蹤狂。

達芙妮被逃到哪追到哪的阿波羅逼得走投無路，遂央求父親河神帕紐斯：

「請您摧毀我的美貌，將我變成其他東西吧。」

帕紐斯成全了女兒的心願，於是達芙妮的柔軟腹部被薄薄的樹皮包覆，頭髮變成葉子，手臂化為枝枒，而雙腿則蛻變為樹根。

事已至此依舊不死心的阿波羅，抱著在希臘語中被稱為達芙妮的月桂樹，柔情撫摸，並獻上深情一吻。然而這顆樹卻往後退縮，不肯就範。失去所愛之人的阿波羅對著月桂樹訴說：

「雖然妳無法成為我的妻子，但至少成為我的樹吧。心愛的月桂樹呀，以後我的頭髮、豎琴、箭筒都會以妳來裝飾。當歡聲雷動傳來凱旋捷報，長長的行軍隊伍出現在卡皮托利諾（Capitolium）丘上時，羅馬將軍們頭上所裝飾之物，就是妳的化身。」

據傳月桂樹聞言後，枝枒彷彿點頭應允般搖曳著樹梢。從此以後，**頭戴月桂花環便成為慶祝勝利的象徵。**

這起事件被傳誦為阿波羅的悲戀。然而，若阿波羅未曾出言嘲笑邱比特，達芙妮也無須變成月桂樹，或許兩人能有情人終成眷屬也說不定。相信阿波羅應該對自己的輕佻言論感到悔不當初吧。

小知識

邱比特是羅馬神話中的愛神，相當於希臘神話中的厄洛斯（Eros），而且向來被描繪成幼童模樣。1909年問世的娃娃「Q比（キューピー）」就是以邱比特為雛型所設計的。

事件FILE 08

「重覆上演的悲劇」走向悲傷結局的男男戀

【雅辛托斯 Hyacinthus】

來自阿米凱來伊（Amykles）市的美少年，族譜相當複雜。一般認為雅辛托斯原本為希臘原住民的自然神，為其所舉辦的祭典則稱為風信子節（Hyacinthia）。

阿波羅為俊秀男性的象徵，甚至被譽為理想美男子代表。因此，與女性之間的羅曼史多不勝數，另一方面，阿波羅也和日本戰國時代的武將一樣，與美少年們有過刻骨銘心的愛戀。

古希臘的觀念與現代大相逕庭，認為成年男子與美少年之間所發展出的少年愛（Pederasty），等同信賴與革命情感。**而且這種男色關係被認為比異性戀還要崇高。**

阿波羅與女性的戀情大多以悲劇、殘酷的結局收場，同樣地，他與美少年之間的愛，也幾乎難逃悲傷的結果。其中最知名的莫過於阿波羅與雅辛托斯，以及庫帕里索斯

（Cyparissus）之間所發生的事件。

某天，阿波羅與雅辛托斯正在投擲巨大鐵餅一較高下。規則就跟奧運的擲鐵餅一樣。

比賽才剛開始，阿波羅便高舉鐵餅往遠方投擲過去，充分展現出自身的實力與技巧。然而不幸的是，為了在第一時間撿回鐵餅，雅辛托斯卯足全力奔往鐵餅墜落處。

雅辛托斯本想快點撿回鐵餅，以便盡快一展身手，但相當不走運，落到地面的鐵餅突然反彈，直接砸中他的臉。阿波羅慌張地飛奔過來，抱起鮮血直流奄奄一息的雅辛托斯，然而，即便是醫術之神阿波羅也已無力回天。

有一說認為，同樣對雅辛托斯心生愛慕

的西風神澤費羅斯（Zephyrus），為了報復阿波羅，故意突然吹起一陣風，讓鐵餅命中雅辛托斯頭部。總之，阿波羅所投擲的鐵餅就這樣奪走了雅辛托斯的性命。

無論是來回揉擦身體以維持體溫，還是試圖止血、使用藥草保命，皆無法奏效，雅辛托斯的傷勢之重可見一斑，即將就此撒手人寰已是再清楚不過的結果。

阿波羅哀嘆道：「如果我能代你丟掉這條性命該有多好，如果我能陪你一起死該有多好。」可是貴為神祇的阿波羅乃不死之身，無法死去。

身兼預言之神的阿波羅接著說道：

「你將成為一種新型花朵，花瓣上的紋路會印上我的哀嘆。名符其實的豪勇之士埃阿斯（Aias）終有一日也將化身為此花朵，同樣可在花瓣上看見他的名字。」

接著，雅辛托斯所流出的鮮血長出了形狀宛如百合的鮮紅花朵，花瓣則呈現出「ＡＩＡＩ（哀哉）」這個代表嘆息的紋路。

這就是**風信子誕生的來龍去脈。**

變成絲柏的庫帕里索斯

下場令人鼻酸的另一號人物，則是住在凱阿島（Keos），名為庫帕里索斯的美少年。他一向非常疼愛一頭巨大的公鹿。

然而就在某天，庫帕里索斯所投擲的銳利長槍，居然好死不死地刺穿了這頭心愛的公鹿。庫帕里索斯因而悲嘆「想隨之共赴黃泉」。深愛這名少年的阿波羅想盡辦法安慰他，但他聽不進任何一句話，反而央求阿波羅「請讓我永遠這樣嘆息下去」。

最終，庫帕里索斯變成了絲柏，阿波羅則對其表示：「今後就由我來哀悼你吧。但是，換你來悼念其他人，並成為沉浸於悲嘆之人的朋友。」

從此，**絲柏便成為被栽種於墓地代表致哀的樹木。**

阿波羅在戀愛方面，是一位很常導致心愛之人不幸的神祇。

> **小知識** 記述事物起源的故事稱之為「緣起譚」。庫帕里索斯的故事為絲柏、雅辛托斯的故事為風信子與風信子節、達芙妮的故事則是月桂樹與月桂花環的緣起譚。

事件FILE 09

「烏鴉為何是黑色的」愛恨分明顛倒黑白的神祇們

【阿斯克勒庇俄斯 Asclepius】

醫神，為光明及預言之神阿波羅與科洛妮絲（Coronis）之子。具有令死者復生的能力，救活了卡帕紐斯（Capaneus）、呂庫爾戈斯（Lycurgus）、格勞科斯（Glaucus）等一票英雄。手持纏繞著蛇身的手杖，因此蛇夫座被認為是阿斯克勒庇俄斯的化身。

多嘴長舌有時會招致不幸。即便所言內容屬實，也有可能惹得對方不快。本篇就是要介紹這樣的事件。

阿波羅曾愛上許多女性，但幾乎都以不幸的結局收場。其中一位深受阿波羅喜愛的，則是名為科洛妮絲（拉庇泰族（Lapiths）王弗列基亞斯（Phlegyas）之女）的美麗女子。科洛妮絲是被譽為「在色薩利（Thessalia）無人能及」的絕世美女，亦獲得阿波羅的萬千寵愛。

此時科洛妮絲腹中已懷有日後被稱為醫術之神的阿斯克勒庇俄斯。意想不到的是，科洛妮絲居然與色薩利的伊斯庫斯（Ischys）這名年輕男子有姦情，而且還很倒楣地被長舌多嘴

的大烏鴉撞個正著。

當時的烏鴉擁有一副如雪般潔白的羽翼，全身散發出銀色光輝，甚至被評為華美姿態勘與鴿子比肩，雪白程度絲毫不遜於天鵝，既美又白的外貌令烏鴉很是驕傲。

目睹科洛妮絲外遇的忠心烏鴉，立刻飛到阿波羅腳下，鉅細靡遺地秉報此事。聞言才得知深愛的科洛妮絲不貞的阿波羅大為震怒。

阿波羅扯下頭上的月桂花環，一臉鐵青，接著放下手中的豎琴撥片，熟練地抄起弓，不假思索地放箭射殺科洛妮絲。

不只如此，阿波羅的怒火還對準了告知實情的烏鴉，禁止牠再以白鳥姿態示人，因此，原本純白的烏鴉遂長出一身黑羽毛。對於本來以為可以討賞的烏鴉來說，無異是一記當頭棒喝，慘痛得到盡忠有時反而會適得其反的教訓。

被情感沖昏頭的神祇

被阿波羅放箭射殺，註定難逃一死的科洛妮絲臨死前說道：

「待我產下腹中胎兒再來懲罰我也不遲，可是您偏偏選在這時候，逼我帶著這個孩子共赴黃泉。」

語畢，科洛妮絲便氣絕身亡了。被怒氣沖昏頭而胡亂放箭的阿波羅見狀旋即慌了起來。身為醫術之神的阿波羅用盡各種方法極力搶救科洛妮絲，卻早已回天乏術，無法力挽狂瀾。

阿波羅恨死了自身聽聞伴侶出軌便氣到失去理智，不給對方解釋機會就放箭洩憤的愚行，但一切已無法挽回。阿波羅抱著贖罪的心情，決定隆重火葬科洛妮絲，並著手進行相關準備。然而，阿波羅實在不忍見到親骨肉隨著母親被燒成灰，便半途攔截從遺體中取出胎兒。

阿波羅將胎兒交給半人馬族人凱隆，請他代為撫養長大，而這個孩子就是阿斯克勒庇俄斯。

阿斯克勒庇俄斯承襲了父親阿波羅身為醫術之神的資質，再加上被長於醫術的凱隆一手帶大，亦隨之成長為優秀醫者。然而，他因獲得令死者復生的能力而觸怒了宙斯，遂遭天打雷劈而喪命。

得知兒子慘遭殺害的阿波羅氣憤難平，**宙斯只好將阿斯克勒庇俄斯封為星座，使其加入掌管醫術的神祇行列。**

話說回來，阿波羅被心愛之人背叛而怒火攻心倒也情有可原，但是不顧前因後果的莽撞行為實在不可取。完全不聽對方解釋而一箭射死戀人的做法的確太過火，而且還遷怒據實以告的烏鴉「誰叫你多嘴說出事實」，進而顛倒黑白的態度也很令人不敢恭維。這些作為只能以意氣用事來形容。

一般都說人在情緒激動時需要時間恢復冷靜，以免口無遮攔亂說話，這項道理或許也適用於神祇。

小知識

授予阿斯克勒庇俄斯起死回生能力的是雅典娜。雅典娜從被砍下的戈爾貢（Gorgon）首級發現左側血管的血液能殺人，右側血管的血液則能救人，並將右側血液賜給阿斯克勒庇俄斯。

事件FILE 10

「愛與背叛及懲罰」不被任何人相信的卡珊德拉

【卡珊德拉 Cassandra】

特洛伊王普里阿摩斯（Priamus）與赫庫芭（Hecuba）之女。擁有預言能力，卻無人願意相信這些料事如神的內容。

在這世上，有些人會不斷贈送高價禮物對心愛之人獻殷勤，但在關鍵時刻遭到背叛時，就會立刻翻臉不認人。俗話說「愛愈深恨愈深」，有位神祇也是因為太愛對方，而在得知自己遭受背叛時變成心狠手辣的惡魔。

特洛伊王的女兒卡珊德拉是君王閨女中最美麗的公主，令阿波羅一見鍾情。身為預言之神的阿波羅以賦予卡珊德拉預言能力做利誘，要求她成為自己的女人。

對凡人來說預言能力可謂至高無上的禮物，卡珊德拉喜孜孜地接受阿波羅的要求，並因此得到預言能力。沒想到，後來她卻變了心，居然違背與阿波羅的約定，拒絕接受這位天神

的愛。

怒火中燒的阿波羅憤而說出「那就把我之前送妳的東西通通還來」，然而，就連法力無邊的阿波羅也無法收回所贈的預言能力。於是，阿波羅便以殘酷的處罰來替代，**即便卡珊德拉說出預言，也不會有任何人相信。**

無論自己所說的內容有多準確，就是無人願意相信，這是多麼悲慘的一件事。甚至會令人覺得與其受這種罪，倒不如眼不能觀未來、口不能言還來得快活一些，阿波羅便藉由此方式嚴懲卡珊德拉。

明明通曉未來卻無法避開悲劇

接著悲劇便接連朝著卡珊德拉襲來。

特洛伊戰爭的原因之一為，特洛伊王子帕里斯（Paris）在「帕里斯的評判」（詳見事件FILE 19）中被女神阿芙蘿黛蒂所開出的條件收買，因而判定由其勝出，並在之後擄走斯巴達王妃將她帶回國。特洛伊公主卡珊德拉此時便預言了帕里斯的選擇是「招致特洛伊滅亡的行為」。

其他像是，卡珊德拉已預見特洛伊城會被攻陷，因此強烈反對將奧德修斯（Odysseus）所打造的巨型木馬引進城。

無論哪一項皆被神準料中，在在證明了卡珊德拉是貨真價實的先知。然而，由於阿波羅所下的懲罰，沒有任何人肯相信這些預言，因此特洛伊終究難逃兵敗如山倒的結局。而卡珊德拉在這之後的命運則十分悲慘。

因特洛伊戰敗而遭到希臘軍追殺的卡珊德拉，一路逃跑藏身至雅典娜神像後，卻被希臘軍人小埃阿斯（Ajax）發現，一把將她拉了出來並且無情地侵犯她（後來小埃阿斯遭天譴喪命）。這場悲劇還沒完，卡珊德拉接著淪為俘虜，並被當成獻給希臘盟軍統帥阿加曼儂（Agamemnon）的戰利品。

對於原本貴為特洛伊公主的卡珊德拉而言，被迫成為戰利品、俘虜、情婦是非常悲哀又傷痛欲絕的事。更何況，她還具備預見未來的能力，如果特洛伊人願意信她一兩句便能逃過這場戰禍，也因此讓她更加感到悲傷。

在這之後，淪為阿加曼儂俘虜的卡珊德拉，當然也預見了自己的未來。那就是與阿加曼儂雙雙遇害的命運。然而，就算把這件事說出去，終究還是無人願意相信。

最後，悲慘的預言者卡珊德拉，便在阿加曼儂之妻克呂泰涅斯特拉（Clytemnestra）的刀下，結束了一生。

話說回來，阿波羅所送的這項禮物也未免太罪孽深重又殘酷。既然能看見自己以及他人的命運，當然就會想竭力避開已知的災厄，但就算說破嘴也沒有任何人願意相信，結果依舊只能聽從命運擺布。這起事件不禁令人感概，倒不如沒有這項能力反而還比較幸福。

小知識　無法與親近的人溝通交流，不被周遭理解所引發的「卡珊德拉症候群」，就是取自所說的話句句屬實卻無人願意相信的悲劇公主卡珊德拉之名。

事件FILE 11

「尋妹三千里」被宙斯耍得團團轉的卡德摩斯

【卡德摩斯 Cadmus】

阿格諾爾（Agenor）與忒勒法莎（Telephassa）之子。妹妹為歐羅巴（Europa）。死後透過宙斯的法力，與妻子哈爾摩妮亞（Harmonia）蛻變成巨蟒，並被送往至福樂土（Elysium，受諸神疼愛的人們在死後過著幸福生活的原野）。

關於歐洲（Europe）一詞的語源，流傳著幾則說法。其中之一則是來自希臘神話中被宙斯劫走的腓尼基（Phoenicia）公主歐羅巴。

推羅（Tyros）君王阿格諾爾之女歐羅巴，容貌姣好，美若天仙。只要有美女的地方，必然就會有宙斯登場。宙斯為了將歐羅巴占為己有，趁著她在海外時，變身成一頭雪白公牛伺機接近。

這頭公牛毛色似雪般潔白，模樣極為雄偉健壯，令歐羅巴忍不住讚嘆。起初她小心翼翼地接近這頭牛，溫柔地與其玩耍，後來完全卸下心防，甚至大膽地騎到牛背上。

說時遲那時快，這頭公牛（宙斯）載著歐羅巴一路往大海狂奔，無視嚇到花容失色的背上佳人，不斷朝著海面前進。最後抵達克里特島（Crete）的宙斯終於表明身分，並與歐羅巴發生關係，生下日後成為克里特王大為活躍的米諾斯（Minos）等三名孩子。

就宙斯的立場來看，使出各種手段來收編看上眼的女性，只不過是家常便飯，但神祇的任性妄為，總是害凡人跟著受到牽連。

宙斯擅自劫走了人家的黃花大閨女，不知情的雙親以及手足們當然很傷心。為此吃了最多苦頭的，則是阿格諾爾的兒子，歐羅巴的哥哥卡德摩斯。

阿格諾爾為了尋找突然失蹤的女兒，對卡德摩斯等人命令道：

「除非找到妹妹，否則不准回國。」

乖乖聽命的卡德摩斯等人便在毫無線索的情況下輾轉流浪各國。

宙斯貴為神祇，跟人家父母說一聲「人是我帶走的」應該也無妨吧，但或許對神祇而言，凡人再怎麼煩惱悲嘆，都與祂們沒有太大的關係。卡德摩斯後來踏遍全世界依舊找不到妹妹的蹤影，但也無法就此打道回府，陷入窮途末路之境。

被牛牽到底比斯

卡德摩斯前往位於德爾菲（Delphi）的阿波羅神諭所，請示「該怎麼樣才能找到家妹」，而得到以下回答：

「你將會在荒郊野外遇到一頭牛，屆時記得跟著這頭牛，繼續行旅。在牛所休息的草原築牆，建設都市。」

換言之，就是要卡德摩斯放棄尋找妹妹，亦不歸返鄉里，自行建造都市之意。日本有個故事為「被牛牽到善光寺參拜」，而卡德摩斯亦跟隨著這頭牛一路走下去。

最後牛隻終於通過維歐提亞（Voiotia），接著抵達了底比斯。卡德摩斯命部下們前往汲取獻神的泉水，但泉水處為軍神阿瑞斯（Ares）的巨龍棲息之地，部下們因此遇襲喪命。

卡德摩斯親自趕赴泉水處，手刃巨龍，並聽從女神雅典娜的建言，將龍的牙齒播植到地面，接著出現武裝戰士，彼此展開交戰。卡德摩斯將最後倖存的五名戰士稱為地生人（Spartoi，意指被栽種出來的男人），並讓他們成為底比斯最初的市民。

在這之後卡德摩斯為了償還殺死巨龍的罪過，為阿瑞斯效命八年，並獲得雅典娜的協助，成為底比斯王。此外，**相傳卡德摩斯還將文字傳入希臘。**

追根究柢，導致這一切的元凶不外乎隨心所欲行事的宙斯。而被這些行為搞得不知所措、耍得團團轉的則是凡夫俗子。全知全能的宙斯究竟是看不透凡人的煩惱，還是根本漠不關心則不得而知。

小知識

卡德摩斯被宙斯害得不得不浪跡天涯，最終成了底比斯王。或許是出於贖罪心態，宙斯將阿瑞斯與阿芙蘿黛蒂之女哈爾摩妮亞許配給卡德摩斯為妻，並舉辦了盛大的結婚典禮，邀來眾神觀禮。

事件FILE 12

被宙斯「勾引良家婦女伎倆」騙得團團轉的
阿爾克美娜

【阿爾克美娜 Alcmena】

英雄海克力斯（Hercules）之母。於海克力斯過世後與其子孫居住於底比斯，極為長壽，安享天年。相傳死後被帶往幸福島，成為拉達曼迪斯（Rhadamanthys，宙斯之子，死後成為冥界判官）之妻。

宙斯是獵豔絕不手軟的諸神之王。只不過，若其做法符合身為神祇的氣度與威嚴的話倒也無話可說，偏偏盡使一些狡猾的小手段，不斷引發桃色糾紛。

海克力斯為希臘神話中有名的英雄人物之一，其母親阿爾克美娜則是一名凡間女子。阿爾克美娜為邁錫尼（Mycenae）君王埃勒克特律翁（Electryon）之女，夫婿則是安菲特律翁（Amphitryon）。

當時安菲特律翁向阿爾克美娜承諾「待我為兄弟報仇雪恨後便與妳成親」，旋即出征打仗去。對阿爾克美娜一見鍾情的宙斯明白，忠貞不二的阿爾克美娜即便受到天神的示好追

求，也絕對不會願意委身。沒想到宙斯竟然出奇招，趁著安菲特律翁征戰沙場之際，變身成冒牌貨與阿爾克美娜相會。

與此同時，已經打了勝仗完成復仇諾言的安菲特律翁本尊則意氣風發地踏上歸途。此時宙斯再度出招，祭出一劑要不得的猛藥。

祂命令太陽神赫利俄斯（Helios）不得現身於天空三天。也就是說，連續三天將處於漫漫長夜的狀態，不會有白天到來。

假扮成安菲特律翁的宙斯連忙找上阿爾克美娜，將實際的戰爭經過與本尊所立下的戰功說給她聽。畢竟宙斯是神，無所不知。

完全將變身的宙斯誤以為是安菲特律翁的阿爾克美娜，交出處子之身，任由宙斯予取予求三天三夜（實際上是沒有天明的長夜），結果便懷了海克力斯。

連累一大票人的偷腥癖

宙斯返回天界後，真正的安菲特律翁也回到阿爾克美娜身邊。對好不容易完成誓約的安菲特律翁而言，這天可是他與心愛的阿爾克美娜的初夜。

是夜，他鉅細靡遺地與阿爾克美娜分享戰爭經過與戰功，但總覺得她的反應顯得很奇怪。

既不見共度初夜的喜悅，聽聞戰況也沒有任何的驚訝與感動。安菲特律翁認為事有蹊蹺，質問阿爾克美娜，她才表示這些話之前早已聽過，而且彼此也已共度良宵。

聞言大感詫異的安菲特律翁只好求助底比斯知名的預言者泰瑞西亞斯（Tiresias），詢問這究竟是怎麼一回事，這才得知一切都是宙斯幹的好事。安菲特律翁在盛怒之下，一度想殺了阿爾克美娜，奈何受到神力牽制無法如願，不得不原諒妻子。

然而，從此以後他再也沒跟阿爾克美娜同床共枕過。

宙斯「為達目的不擇手段」的執念的確已臻無堅不摧的境界。或許讀者中也有人想效法宙斯這種窮追不捨，堅持不放的態度。不過，宙斯做這些事的目的本身往往令人覺得「？」而感到滿頭問號。而且，這些行為總是牽連到凡人與眾神，令大家不堪其擾。

安菲特律翁慘遭宙斯橫刀奪愛，宙斯與阿爾克美娜的孩子海克力斯也為此吃足了苦頭。而害海克力斯陷入這種境遇的則是宙斯的妻子赫拉。

赫拉實在無法忍受宙斯又搞大其他女人的肚子，因此用計拖延不讓海克力斯出生，接著還在嬰兒房內放毒蛇等，極盡打壓之能事。然而，**海克力斯卻活活掐死了毒蛇，自幼就展現出無敵實力**。

每當宙斯與赫拉這對夫妻鬧翻時，眾神與凡人就會跟著遭殃受牽連，平白活受罪。

小知識

得知實情的安菲特律翁自凱旋之日以來，便不再與阿爾克美娜行夫妻之實，不過在初夜那天一次就中，生下海克力斯的攣生弟弟伊菲克勒斯（Iphicles）。但他畢竟是凡人血統，因此在各方面都遠不及哥哥。

神祇・英雄介紹 2

【阿波羅】

希臘神話的代表人物之一，絕世美男子，手持弓箭與豎琴。雙親為宙斯與勒托，與阿緹蜜絲為孿生姊弟。出生於提洛島，掌理音樂、箭術、預言、醫術、畜牧等領域，有時會讓人或家畜染上疫病，發怒時是相當恐怖的神祇。

身為美男子自然也有很多羅曼史，除了本書所介紹的故事之外，阿波羅還曾戀上瑪爾貝莎（Marpessa）這名女子，結果仍以失戀收場。

與阿波羅同時愛上瑪爾貝莎的是伊達斯（Idas），他駕著波賽頓所贈的飛天戰車，擄走了瑪爾貝莎。阿波羅見狀緊追在後，打算與伊達斯捉對廝殺一番，但宙斯從中斡旋，要求瑪爾貝莎二選一決定花落誰家。瑪爾貝莎心想，當自己人老珠黃時阿波羅應該會棄之如敝屣，從而選了伊達斯。

阿波羅的戀愛故事往往以悲劇告終，不過希臘人將之視為俊美男子的化身，乃美少年的理想典型，因此亦是經常出現在美術作品中的知名神祇之一。

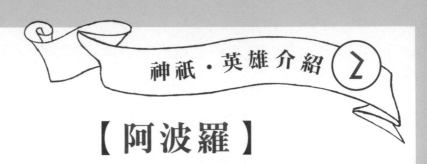

第3章

憤怒與制裁事件簿

「不斷遭受迫害至死方休」背負榮光與陰影的海克力斯

【海克力斯 Hercules】

半神半人英雄中的第一把交椅，為宙斯與阿爾克美娜之子。生平歷經無數的試煉，最著名的事蹟為十二項偉業。死後與生前不斷用計迫害他的赫拉達成和解，成為神祇。

之前在第1章也曾提到，若老公如宙斯般偷腥成癖時，太太肯定會受盡苦楚。而且，原本這些怒氣應該針對始作俑者，也就是宙斯這位人夫才是，偏偏赫拉幾乎都將矛頭對準其情婦與孩子，所以才更令人頭大。

而宙斯又實在太我行我素，明知太太的脾性，但只要發現美女就會忍不住偷腥，根本不管赫拉會有多生氣。結果就是害許多孩子與情婦成為赫拉妒恨怒火下的犧牲者，而這些犧牲者當中也包含了英雄海克力斯。海克力斯為宙斯與阿爾克美娜（珀爾修斯的孫女）之子。

赫拉的怒火從海克力斯尚未出世前便已燒得旺盛。宙斯在孩子出生前便宣稱「珀爾修斯

的其中一名後裔，將來必成阿爾戈斯（Argos）之王」暗指海克力斯為天生的王者。

赫拉為此大發雷霆，不但要求宙斯發誓所言無誤，並用計拖延不讓海克力斯如期誕生。接著還讓另一位懷胎七月的孕婦早產，使其搶先海克力斯，生下相當於珀爾修斯孫子的歐律斯透斯（Eurystheus）。

結果，身上流著珀爾修斯血統的歐律斯透斯果真如宙斯預言般，登上君王寶座。然而，歐律斯透斯不似海克力斯，完全就是個膽小鬼。海克力斯一一破解歐律斯透斯所出的各種難題，每當帶回怪物呈報時，歐律斯透斯這位沒骨氣的君王總是嚇得躲進青銅甕內避難。

赫拉因嫉妒所引發的怒火，不但禍及海克力斯，對於不具資質，卻被拱上王座的歐律斯特斯而言亦為無妄之災。

之後赫拉仍不肯善罷干休，持續搞破壞。海克力斯為了守護底比斯而推翻奧爾霍邁諾斯王（Orchomenos），並與底比斯公主蜜格拉（Megara）成婚，生下孩子，卻遭赫拉下咒而發瘋。失心瘋的海克力斯誤將心肝寶貝錯認為敵人，完全殺個片甲不留。日後，在他挑戰十二項任務時，也受到赫拉千方百計的阻撓。

死後兩造才終於達成和解

十二偉業的其中一項任務為，歐律斯透斯要求海克力斯取得亞馬遜女王希波呂忒（Hippolyta）的腰帶，海克力斯便動身前往由女戰士所組成國度：亞馬遜。海克力斯抵達港口時，希波呂忒親自相迎，並承諾交出腰帶。然而，見不得事情發展得如此順遂的赫拉，便喬裝成亞馬遜女戰士高呼道：

「外來的不速之客意圖擄走女王！」

聽到這句話的其他女戰士們，為了救駕而全副武裝，策馬前往港口。看到這番大陣仗的海克力斯以為自己被騙，遂殺了女王奪走腰帶，將女戰士們打得落花流水後揚帆而去。就結果而言，赫拉此番行為完全害慘了亞馬遜女王與女戰士們。

詭計無法得逞的赫拉仍不死心，又動起了歪腦筋。海克力斯受命將格律翁（Geryon）所飼養的牛群帶回阿爾戈斯，並一路追趕至愛奧尼亞海（Ionian Sea）。可是，赫拉卻趁機將虻蟲散布至牛群中，牛隻因此四散。海克力斯費了好大的勁好不容易才將所有牛隻找回來，總算完成第十道難題。

話說回來，赫拉的妒意之深，以及為非作歹的執拗程度著實令人吃驚。如此心狠手辣的赫拉在罪魁禍首宙斯的勸說下，**於海克力斯死後與其達成和解，並舉辦了模仿生產的儀式，認海克力斯為子**，還將奧林帕斯中最美的女神赫柏（Hebe）許配給他為妻。

海克力斯結束身為凡人的生涯後，赫拉的打壓才終於畫下休止符，兩人也成為一家人。

小知識 海克力斯子女成群。在他死後，歐律斯透斯處心積慮地迫害其後代，最後則死在其中一名孩子許羅斯（Hyllus）手上。

「妄自尊大也有罪」撕毀織物並施予懸吊懲罰的雅典娜

【雅典娜 Athena】

智慧與戰爭女神，為宙斯與墨提斯之女。相傳是在身披黃金盔甲，全副武裝的狀態下從宙斯頭裡出生的。擅長紡織，亦為技藝女神，同時也是永保貞潔的處女神。為奧林帕斯十二主神之一。

雅典娜除了代表智慧與戰略外，也是掌理藝術與工藝的神祇。**紡織為古希臘時代女性們的重要工作之一**，而這也是雅典娜念茲在茲，盡心盡力發展的領域。

然而，一名來自呂底亞（Lydia）名叫阿拉克妮（Arachne）的知名紡織高手，卻藐視了為紡織鞠躬盡瘁的雅典娜。阿拉克妮雖出身低賤，名聲卻響遍呂底亞各地，甚至連特摩羅斯（Tmolus）山的仙女，以及帕克托羅斯河（Pactolus）的水精靈們皆不惜開小差，只為一睹其技。

大家都認為阿拉克妮的這身好本領是因為雅典娜庇佑所賜，不過當事人則予以否認，並

大放厥詞：

「歡迎雅典娜女神與我一較長短。若我輸了，自當令其宰割。」

簡直就是自信爆棚。對不可一世的阿拉克妮感到怒火中燒，暗自決定「膽敢對我不敬，看我怎麼懲罰妳這丫頭」的不是別人，正是雅典娜本人。

變身成老婆婆的雅典娜，找上阿拉克妮並給予如下忠告。

「妳想透過紡織技藝揚名立萬倒也未嘗不可，但務必對女神展現出謙卑退讓的態度。只要恭恭敬敬地請求原諒，女神會饒恕妳的。」

沒想到，阿拉克妮不但不領情，甚至還狂妄地表示「女神為何不敢與我一較高下呢」。如此不知好歹，雅典娜也無法再睜一隻眼閉一隻眼。

於是雅典娜便在阿拉克妮面前展現真實身分，可是這位小姐卻完全不為所動，雅典娜見狀遂答應與之一決勝負。兩人隨即各顯身手展現出高超技藝。

雅典娜將奧林帕斯十二主神以及遭眾神懲罰的凡人故事，活靈活現地刻劃於織物四角。而阿拉克妮則織出諸神與凡人女子之間的戀愛情節。

雅典娜意欲透過這塊織物告訴阿拉克妮，當神祇失去理智發狂殺紅眼時，凡人將如何遭殃。然而，阿拉克尼卻與雅典娜恰恰相反，以諸神所做出的愚勇行為當主題，此舉無異於汙辱神祇。

絕不允許有人爬到頭上來

兩者所完成的作品，只能以不分軒輊一樣精采來形容。話雖如此，雅典娜可饒不了再三汙辱神祇的阿拉克妮，不但撕爛她所織的布，還以手中的黃楊杖往她額頭敲打了三、四下。

受不了杖責之痛的阿拉妮克打算上吊自盡，雅典娜卻抱起其身體並說道：

「妳這個壞心眼的姑娘得活著呀，不過往後只能吊著過活。」

接著雅典娜施展法術將阿拉克妮變成蜘蛛。直到今日，蜘蛛仍掛在自己所吐出的絲上，懸在空中不停歇地織著網。**蜘蛛在希臘文為阿拉克妮，這個詞彙便是來自意氣風發地挑戰雅典娜卻惹怒女神的臭屁女阿拉克妮之名。**

話說回來，盛氣凌人地將實力與自己旗鼓相當，只不過是有點囂張的女性變成蜘蛛，雅典娜的脾氣也還真火爆。個人雖認為雅典娜心胸可以更寬廣一些，諄諄教導阿拉克妮即可，不過對神祇態度傲慢者，無論如何都無法獲得原諒，必須付出代價。

完全不具半點寬容之心，或許正是雅典娜的魅力所在。

小知識

蛛形綱在動物學上的學名為「Arachnida」，此名稱來自被變成蜘蛛的阿拉克妮。她的際遇雖令人感到同情，但包含日本在內，蜘蛛本身在全世界被認為是「神的使者」，亦為相當重要的存在。

事件FILE 15

因「母愛」之慟而令全世界付出代價的狄蜜特

【狄蜜特 Demeter】

農業女神，負責守護大地，保佑穀物豐收。為克洛諾斯與瑞亞之女。與宙斯所生的女兒波瑟芬妮（Persephone）遭「冥界之王」黑帝斯擄走，因而陷入悲痛，離開天界尋遍世界各地乃其著名的事蹟。為奧林帕斯十二主神之一。

在日本，透過祈雨或祈求五穀豐收的儀式來請求神明降恩是很常見的做法。而在希臘神話中，則因觸怒了大地作物之神狄蜜特，導致所有作物皆無法收成，令許多人民深受其苦。

使狄蜜特勃然大怒的罪魁禍首就是宙斯，以及死者之國的統治者黑帝斯。黑帝斯與宙斯為兄弟，而這一切要從黑帝斯戀上一名少女說起。

宙斯與狄蜜特之間有個如花似玉的女兒，名叫波瑟芬妮。愛上波瑟芬妮的黑帝斯獲得宙斯的協助，趁她在西西里野外採花時，突然從地底現身將人擄走，帶往死者之國。

大受驚嚇的波瑟芬妮悲傷地呼喊眾神之名，尤其母親狄蜜特，更是她不斷呼喊的對象。而她的呼喚也隨之傳到母親耳裡。

得知愛女遭遇不測的狄蜜特，立刻飛到外頭，手持火炬整整九天不眠不休地跑遍全世界尋找女兒，卻毫無所獲。這是因為波瑟芬妮身處神與人都難以接近的死者之國的緣故，因此就算尋遍天涯海角也不可能找得到人。

搜尋行動進入第十天時，狄蜜特心想或許請教太陽能打聽到什麼消息，便詢問太陽神赫利俄斯，自己的女兒究竟發生了什麼事。

於是，太陽神便將黑帝斯對波瑟芬妮一見鍾情而將人帶往死者之國，以及宙斯也暗中湊一腳的事告知狄蜜特。波瑟芬妮為宙斯與狄蜜特的女兒，對狄蜜特來說可是心頭肉，因此絕對無法饒恕黑帝斯因一見傾心而擅自擄走孩子的行為。

怒不可遏的狄蜜特遂拋棄天界，變身成老婆婆，開始在凡間流浪。

作物無法在冬天成長的原因

某天，化身成老嫗在凡間流浪的狄蜜特，因口渴難耐而前往一戶人家敲門，並討到一杯水。一名少年看見正在喝水的狄蜜特遂出言嘲諷「這老太婆還真會喝啊」。聞言大怒的狄蜜特將喝剩的水潑往少年身上，少年便在轉眼間變成一隻「斑背刺尾蜥」。

另一天，住在厄琉息斯王（Eleusis）刻勒俄斯（Keleos）府邸擔任奶媽的狄蜜特，為了報答這家人對她的溫情，打算為王子得摩豐（Demophon）打造不死之軀，不僅用神饌（Ambrosia）為他擦拭身體，還把他放在火上烤，以淬鍊出不滅金身。然而卻被王妃墨塔涅拉（Metanira）撞見這個過程，她大驚失色放聲尖叫，導致狄蜜特失手將王子摔入火中。於是，狄蜜特只好當場變回女神原貌，並據實告知自己的身分。

狄蜜特訴請刻勒俄斯為自己建造神殿好生供俸，並賦予其子特里普托勒摩斯（Triptolemos）教導凡人栽種麥類的任務。

狄蜜特就這樣不再返回天界，持續浪跡天涯。

另一方面，在狄蜜特離開天界的這段期間，不管人們如何耕田播種，都無法從大地獲得農收而一籌莫展。其中尤以波瑟芬妮遭擄的西西里島被害最甚，由於作物皆無成長，整座城鎮陷入隨時都有可能衰亡的絕境。

束手無策的宙斯只得命令黑帝斯將波瑟芬妮放回凡間，但因波瑟芬妮在冥界吃下石榴之故，根據冥界規定已無法恢復自由身。因此宙斯便居中訂下規則，讓波瑟芬妮一年有三分之一的時間在冥界與黑帝斯生活，三分之一則與狄蜜特共度，剩下的三分之一則可在自己喜歡的地方度過。

這項安排總算讓狄蜜特消了氣，**不過由於愛女一年有三分之一的時間在冥界生活的緣故，因此這段期間（冬季）作物便無法成長。**

千萬不能得罪的神祇被惹怒時所引燃的熊熊怒火，總是燒得人類哀鴻遍野。

小知識 在狄蜜特四處找尋女兒的期間，她亦發揮身為穀物與大地女神的風範，發明了水車，並教導人民栽種豆類與無花果。此外，狄蜜特還賜給特里普托勒摩斯一台龍車，命他前往全世界推廣麥類的栽培技術。

「順我者生」逆我者就倒大楣的戴歐尼修斯

【戴歐尼修斯 Dionysus】

別名巴克斯（Bacchus），乃希臘酒神。為宙斯與底比斯公主塞墨勒之子。祭祀戴歐尼修斯的激烈儀式與希臘戲劇的起源有很深的淵源。

希臘諸神對於做出侮辱神祇的行為，以及不知好歹自以為是者，會毫不留情地予以懲罰。戴歐尼修斯亦然，會對懷疑自己的神威、違背信仰者嚴懲不貸。

戴歐尼修斯的母親為底比斯公主塞墨勒，父親為宙斯。由於是在宙斯大腿裡孕育成長的，打從出生起便是貨真價實的不死之神。另一方面，卻也因此遭到宙斯妻子赫拉的妒恨。

成長後的戴歐尼修斯發現葡萄樹，並想出釀酒的方法，得知此事的赫拉宛如烈火燃燒般暴怒，下手逼瘋戴歐尼修斯。發瘋的戴歐尼修斯顛沛流離，輾轉各地，最後來到弗里吉亞（Phrygia）女神希貝利（Cybele）的地盤，並被瑞亞所救治。

瑞亞還傳授戴歐尼修斯秘教儀式，戴歐尼修斯則在儀式中融入自身的特色，爾後與信眾巴凱（Bacchae，取自戴歐尼修斯的別名，意為巴克斯的女信徒）行遍各地傳教。

巴凱們打扮奇特瘋狂舞動，孔武有力到不可思議的程度，能徒手捕捉野獸，接著大快朵頤一番，在普通人眼裡看來就是非常稀奇古怪的宗教。

像這樣的新興宗教，無論在哪個時代都很容易成為打壓與歧視的對象，戴歐尼修斯也在色雷斯（Trakya）受到阿勒俄斯（Aleus）之子呂庫爾戈斯（埃多尼亞族之王）的迫害，信眾們亦遭到逮捕。

戴歐尼修斯因而施展神力，令呂庫爾戈斯發瘋，不但逼得他殺害自己的孩子，最後還被人民大卸八塊，做出相當殘酷的懲罰。

在各地顯神威的酒神

最終，在亞洲各地傳教成功的戴歐尼修斯再度回到希臘。最初造訪之地即為故鄉底比斯，彼時的君王則是彭透斯（Pentheus）。彭透斯的母親阿高厄（Agave）為戴歐尼修斯之母塞墨勒的姊姊，因此兩人實為表兄弟。

底比斯的女性們也紛紛成為巴克斯的信徒，甚至連阿高厄都跑到基塞龍山（Kithairon）忘我地參與祭典儀式。對此感到震怒的彭透斯命令手下將這些信眾們帶下山，但不知為何用來綁人的繩子卻自行斷裂，根本無法逼信眾們就範。

於是，彭透斯親自出馬前往山上抓人，卻被已經著了魔的母親阿高厄和其他女信徒們凌遲致死。底比斯的人們對此事大感震驚議論紛紛，戴歐尼修斯遂親自表明自己的神祇身分，接著前往下一個地點阿爾戈斯。

在阿爾戈斯，果然還是有許多人不信戴歐尼修斯，態度大不敬，戴歐尼修斯因此讓許多女性發瘋，懲罰她們活活撕裂自身襁褓中的孩子，並將屍體吃下肚。

而在米尼亞斯（Minyas），戴歐尼修斯則將不聽話的三位公主分別變成蝙蝠、貓頭鷹、雕鴞。對於不肯信仰、不將自己當成神崇拜者，持續給予制裁，絕不輕饒。

又有一次，戴歐尼修斯搭上海盜船欲前往納克索斯島（Naxos），海盜們卻起了賊心打算將之賣作奴隸，酒神便施法將帆柱與船槳變成蛇，讓藤蔓植物爬滿船身。相傳海盜們見狀大受驚嚇，失心瘋地跳入海裡並變成海豚。

上述種種事例，**難免會讓人認為戴歐尼修斯是很殘暴的神，不過這件事背後則受到戴歐尼修斯乃新進神祇這點所影響。**

或許戴歐尼修斯為了早點成為受人崇敬的天神，而有點努力過頭。與此同時，酒具有令人迷失自我的魔力，相信酒神應該也想藉由此點來稍微警惕一下人們吧。

「飲酒還是適量就好」或許也是戴歐尼修斯帶給眾生的啟示之一。

小知識

戴歐尼修斯式（陶醉、創造型的衝動）與阿波羅式（對形式、秩序所產生的衝動）經常被認為是兩相對立的。這項觀點則源自尼采著作《悲劇的誕生：源於音樂的靈魂》。

事件FILE 17

「背信棄義是會遭報應的」化身為魔鬼復仇者的神祇們

【拉俄墨冬 Laomedon】

特洛伊王，子女成群，像是普里阿摩斯（卡珊德拉的父親）以及赫西俄涅（Hesione）等人皆為其骨肉。最後遭海克力斯殺害。死後，墳墓被築於特洛伊城門上，相傳只要墳墓不出狀況，特洛伊就能維持國泰民安。

阿波羅掌理音樂、醫術、箭術、預言、畜牧等領域，在人們心目中大多為守護神形象。另一方面，當阿波羅被惹怒時就有可能變成極其恐怖的魔鬼復仇者。

阿波羅從前曾與波賽頓、赫拉、雅典娜等人共謀，參與用鎖鍊將宙斯五花大綁，再將其懸吊在半空中的大膽計畫。不過當時因為忒提絲（Thetis）請求百臂巨人埃蓋翁（Aigaion）等人來守護宙斯，宙斯才因此逃過一劫。

問題便是在這之後發生的。阿波羅與波賽頓因對諸神之王宙斯做出大逆不道的叛亂行為，而被宙斯差遣去幫特洛伊王拉俄墨冬築城牆。

在日本江戶時代，德川幕府會命令各藩築城與砌石墻，變身成凡人的阿波羅與波賽頓，也被迫參與修築城牆這項苦差事。

當時日本的這些建設費用全由各藩自行負擔，不過阿波羅與波賽頓算得很精，與特洛伊王說好事成之後以黃金來當作築城的謝禮。

順利完成築城工事，總算對宙斯贖完罪的兩人，要求國王支付事前談妥的報酬，卻遭到拒絕。

兩人提出抗議「你怎可食言」，國王卻威脅道「再吵就把你們的耳朵割下，賣作奴隸」。拉俄墨冬等於對神犯了說謊與背信的雙重罪行。勃然大怒的兩人變回神祇原貌，撂下狠話「你會為此付出代價的！」

違背與神的約定不會有好下場

海之王者波賽頓傾全力將所有能動用的水資源引向特洛伊。原本便深受水害之苦的城鎮，早已柔腸寸斷面目全非，而特洛伊地區則成水鄉澤國，田地皆浸在水裡，好不容易成長的作物全都化為烏有。

但這樣依然無法消除波賽頓的怒氣，甚至還要求國王交出女兒，當作獻給海怪的祭品。這時幸好有英雄海克力斯出面相救，公主才死裡逃生。然而，特洛伊王原本答應要將駿馬送給海克力斯，以答謝其救女之恩，卻又故態復萌，出爾反爾。結果，也一併得罪了海克力斯。

與波賽頓雙雙遭到國王背叛的阿波羅，當然也不會置身事外。

阿波羅為醫術之神，具備救人性命的能力，同時亦為瘟疫之神，**有時還與散播鼠疫等疫疾的老鼠扯上邊，甚至被稱為「老鼠阿波羅」，擁有強大的法力。**

阿波羅為了報復小氣的國王，將瘟疫散播到慘遭水淹的特洛伊，令人們不堪其苦。因洪水或海嘯而引發水災的地區，之後往往會爆發傳染病，而特洛伊則因為主事者觸怒了波賽頓與阿波羅這兩位神祇，導致水災與瘟疫肆虐，民不聊生。

其實不僅限於希臘神話，**與神所做的約定，或者是由神居中斡旋的約定，皆有很強的約束力。**

附帶一提，日本也有「起請文」這種人與人之間建立約定時向神佛起誓的文書。若違背諾言就會受到神佛懲罰。

總之，特洛伊王違背了與兩位大神之間的約定，因此受到重罰可說是必然的結果。對國王而言，或許因為不識這兩位的真實身分才會這樣說話不算話也說不定。然而，身為一國之王卻任意違反承諾與誓言，這也種下了日後特洛伊亡國的遠因。

貴為神祇卻因為凡人不肯支付酬勞而發怒，真可說是意氣用事的行為，總歸一句話，這兩位神祇一旦被惹怒，會是非常可怕的狠角色。

小知識

儘管女兒受到海克力斯搭救，但拉俄墨冬照樣將海克力斯的使者捉拿入獄，並打算取其性命。他的子嗣中只有普里阿摩斯一人出面反對此事，並在海克力斯攻下特洛伊後繼位為王。

事件FILE 18

「褻瀆神祇」之特洛伊戰爭希臘盟軍統帥

阿加曼儂

【阿加曼儂 Agamemnon】

特洛伊戰爭的希臘盟軍統帥。父親為阿特柔斯（Atreus，希臘神話之英雄），妻子為克呂泰涅斯特拉。在特洛伊戰爭中獲勝後，於歸國之際，遭妻子與情婦暗算而身亡。

希臘諸神對於不敬畏神、藐視神，抑或不遵守承諾的凡人，總是奉行嚴懲不貸的原則。

根據希臘人的記述，特洛伊戰爭發生於紀元前1184年，當時不只有許多英雄輪番登場，神祇也在各方面發揮其影響力。

有英雄阿基里斯（Achilles）和奧德修斯助陣的希臘軍，就在準備出航前往特洛伊時，航海所不可或缺的風卻戛然而止，導致船隻既無法出港亦無法推進。

統帥阿加曼儂見狀，便向卡爾卡斯（Kalchas）這位聞名遐邇的先知請示，這才得知突然不起風的緣由。

風之所以戛然而止的原因在於，阿加曼儂觸怒了阿波羅的孿生姐姐，也就是狩獵與純潔女神阿緹蜜絲。

至於為何會惹惱阿緹蜜絲則是因為，阿加曼儂在等待盟軍會合的這段時間外出打獵，神準地射中一頭公鹿，並誇口表示「我的打獵技術可是遠勝阿緹蜜絲呢」而不把神放在眼裡。

如同阿波羅不容他人挑釁般，「自以為勝過神祇」的傲慢凡人總是令神感到無法饒恕。除此之外，阿緹蜜絲還是一位會要求活人獻祭的神。

根據卡爾卡斯的預言，除非阿加曼儂獻出女兒伊菲吉妮婭（Iphigenia）作為祭品，否則絕對不會有風吹起。

聽完預言的阿加曼儂只好將女兒送上祭壇，默默地拔起劍。說時遲那時快，憐憫其女的阿緹蜜絲便從祭壇上將人帶走，並放上一頭公鹿做取代，阿加曼儂便以利劍刺殺了公鹿而非手刃親骨肉。然而，在場所有人皆未發現在這轉瞬之間所起的變化，以為「阿加曼儂為了希臘盟軍，不惜將愛女獻祭給神」，全軍的士氣因而大大提升。

儀式結束後，航海時所必備的風也開始吹起，希臘盟軍的船隊便出航前往特洛伊。

絕不輕饒傲慢的凡人

長篇敘事詩《伊利亞特》，描述統帥阿加曼儂為「不及阿基里斯，但堪稱驍勇善戰，缺乏決斷力，是一名自私的人物」。實際上，他不只因為出言不遜而惹怒阿緹蜜絲，也同樣得罪了阿波羅。

遠征特洛伊的希臘盟軍在進攻底比斯之際，綁走了路過此地的克律塞伊絲（Chryseis）作為俘虜，並在分配戰利品時將她獻給阿加曼儂。

克律塞伊絲為阿波羅祭司克律塞斯（Chryses）之女，克律塞斯哀求「我願支付贖金，請把女兒還給我」，阿加曼儂卻無情地拒絕。

前文提到，阿加曼儂將自己的女兒獻給神當祭品時，阿波羅的姊姊阿緹蜜絲因心生憐憫而將人救出，然而，阿加曼儂卻冷酷地拒絕釋放與阿波羅有所淵源的克律塞斯之女。

對此事感到憤恨不平的克律塞斯便央求阿波羅為其報仇。

決定幫克律塞斯這個忙的阿波羅，比照從前將瘟疫散播至特洛伊的方式，將疫疾送往希臘軍隊裡，搞得希臘盟軍奄奄一息。束手無策的阿加曼儂不得已只得將克律塞伊絲送回父親身邊。但是阿加曼儂卻轉而奪走同一陣營的阿基里斯之女布魯塞依絲（Briseis），據傳他也因為這樣**與阿基里斯產生不和與心結。**

對神不敬、不小心惹怒神，即使貴為英雄，也會在轉瞬間被逼到絕境淪為狗熊。

小知識

俗話說「英雄愛美人」，但阿加曼儂從另一位英雄阿基里斯身邊奪走布魯塞依絲而壞了事，導致希臘盟軍兵敗如山倒。怒火中燒的阿基里斯憤而脫離戰線，甚至拒絕與阿加曼儂和解。

神祇·英雄介紹 3

【海克力斯】

希臘神話中最偉大的英雄。為宙斯與安菲特律翁之妻阿爾克美娜之間所生的孩子。海克力斯留下包含著名的十二項偉業（參閱事件FILE36）在內的各種傳說與功績。由於海克力斯行遍地中海全域大顯身手，因此有關祂的神話也在各地不斷傳誦下去。

海克力斯也與許多神祇交手過。因為發瘋而殺害了交情深厚的伊菲托斯（Iphitos），並因此染上重病的海克力斯，為了得知治療法，遂前往阿波羅聖地德爾菲請示神諭，卻未得到答案。海克力斯因而佔領神殿，打算建造自己的神諭所。對此大為光火的阿波羅便與海克力斯打了起來，但因宙斯在祂們之間降下雷霆而以平手收場。

除此之外，在海克力斯攻打皮洛斯（Pylos）之際也曾與諸神交戰。皮洛斯王涅柔斯（Nereus）的長子為珀里克呂墨諾斯（Periclymenus），他擁有海神波賽頓所賜與的「自由變身之力」，因此變身為蛇與鵰等動物來迎戰海克力斯。相傳最後在他化身為蜜蜂時，因雅典娜提點而被海克力斯識破，遭到射殺。而且，據說在與珀里克呂墨諾斯對打期間，海克力斯還與赫拉、阿瑞斯、黑帝斯等神祇交戰，並給予不小的打擊。

留下諸多輝煌功績的海克力斯仍舊難逃一死，不過死後與赫拉和解，並晉升為神祇成為天界的一員。

第4章

好勝心與自尊心作祟事件簿

事件FILE 19

「誰是世上最美麗的人？」成為特洛伊戰爭導火線的事件

【厄莉絲 Eris】

不和、紛爭女神。在赫西俄德的《神譜》中，將其視為教訓凡人的萬惡之母，不過在《工作與時日》中則提到「爭執」分為兩種，除了負面定義外，還例外地包含了「競爭」這項正面定義。

「誰是世上最美麗的人？」這件事，無論在哪個時代都是女性所關心的一大話題。而且，最好是由自己榮登寶座，這點放諸凡人與神祇皆準。

特洛伊戰爭的導火線來自女神忒提絲與凡人佩琉斯（Peleus）的婚禮事件。當時所有神祇皆獲邀前往觀禮，卻唯獨漏掉一位，沒有宴請不和女神厄莉絲。

如同在婚禮致詞時忌諱提到「分離」與「破碎」之類的詞彙，不和女神的確不適合出現在喜慶場合。然而，遭到排擠的厄莉絲心中必定感到不是滋味。

快快不悅的厄莉絲，為了在狂歡忘我的諸神之間挑起紛爭，遂拿出一顆金蘋果表示「這

要賞給最美麗的女神」，並將之丟向正開心喝喜酒的賓客們。

這在女神之間立刻引發「當然是我最美啊」「才不是咧，是我才對」的爭執。**直到最後仍舊爭吵不休不肯退讓的則是宙斯的妻子赫拉，以及女兒雅典娜、阿芙蘿黛蒂這三位女神。**

無論哪一位女神，都不只是對自身的美貌充滿自信而已，還集高強法力與魅力於一身，相當難分軒輊。

而最為頭大者莫過於被三女神逼迫裁決「誰最美麗」的宙斯。畢竟是自己的妻子與女兒鬧內鬨，萬一處理得不好，就算是宙斯也肯定會遭魚池之殃。

俗話說「多一事不如少一事」，深受其

擾的宙斯竟然提議將此事交給凡人來定奪，而非由眾神來裁定。

而雀屏中選的則是特洛伊王普里阿摩斯之子，在伊季山（Idhi）放羊的帕里斯（又名亞歷山德羅斯 Alexandros）。宙斯立刻派赫爾墨斯出馬，向帕里斯告知此事。

女神們的收買評審大作戰

這就是赫赫有名的「帕里斯的評判」。

三位女神隨即將焦點轉向帕里斯。像這類的競爭有時的確會有賄賂收買的情況，不過這次的當事人皆為女神，所以開給帕里斯的條件完全不同於一般等級。

赫拉承諾要給帕里斯「亞洲君主寶座」、雅典娜則開出「百戰百勝」的支票。

無論哪一項條件都很有吸引力，而阿芙蘿黛蒂則對帕里斯喃喃細語：「比起支配全世界或戰無不勝，對男人而言最好的獎勵就是將天下第一的美女納為己有。」並向帕里斯保證，能讓他與擁有世界第一美女稱號的海倫（Helen）結為連理。

海倫為宙斯與勒達（Leda）之女，出落得亭亭玉立，乃絕世美女，吸引許多希臘境內的君王與英雄來求婚。

也就是說帕里斯能將如此貌美無雙的對象變成自己的女人。完全被這項條件引誘的帕里斯，也不管海倫已經嫁給斯巴達王墨涅拉俄斯（Menelaus）為妻，遂將金蘋果判給阿芙蘿黛蒂。

阿芙蘿黛蒂也因此成功獲得最美女神的封號，但不肯善罷甘休的，則是自尊心受傷的赫拉與雅典娜。帕里斯雖得到阿芙蘿黛蒂的恩寵與庇佑，同時也得罪了赫拉與雅典娜。不只如此，**奪走斯巴達王愛妃的蠻行，也在日後成為特洛伊戰爭的導火線**。帕里斯可說是因為被捲入神祇之間的競爭中，而無端招致橫禍。

話說回來，明知這是「世上最美之人」選拔賽，卻沒有公平競爭的概念，還理直氣壯行賄收買評審，女神們的作為也真令人不敢領教。這樣一來，感覺不是在比誰比較美，而是誰最舌燦蓮花能誘人上鉤。

無論是女神也好，凡人也罷，第一名這項頭銜總是具有強人的吸引力，也是大家無所不用其極想取得的榮耀之一。

小知識

帕里斯為特洛伊王之子，不過由於其母身懷六甲時曾夢過不祥之夢，因此一出生就被丟到伊季山去。後來雖成長為英姿煥發的青年，但從帕里斯的評判而導致特洛伊亡國這一點來看，當年的不祥之夢還真是無比靈驗。

事件FILE 20

「我不同意！」多嘴吹皺一池春水的國王

【邁達斯 Midas】

因「國王的驢耳朵」而聞名的弗里吉亞（Phrygia）傳奇國王。相傳只要有辦法捉住西勒努斯（Silenus），就能得到其所傳授的智慧，而邁達斯便擁有一座西勒努斯經常造訪的庭園。邁達斯將酒摻入庭園的泉水裡，趁西勒努斯喝醉後將他捉拿起來，並問出有關自身的祕密。

神祇之間的競爭，往往是自尊心之戰，擔任評審者莫不戰戰兢兢小心翼翼。在「帕里斯的評判」中，判定阿芙蘿黛蒂獲勝的帕里斯，因而被絕對惹不起的女神赫拉與雅典娜懷恨在心。此外，再看看許多向神祇下戰帖一較高低的凡人下場有多慘，自然不會有任何人願意蹚這淌渾水。而在**神祇較勁時擔任評審，並被捲入是非中的則是邁達斯王。**

此番要一決勝負的是，排笛的發明人牧神潘恩（Pan），以及預言、音樂、弓箭之神，手持豎琴的阿波羅。

某天，在特摩羅斯山為俏麗仙女們吹奏潘笛（以蠟固定的蘆笛），譜出輕快樂音的潘

恩，居然誇下海口表示自己的歌藝與演奏實力遠遠凌駕於阿波羅之上。

潘恩的確是很傑出的演奏者，但畢竟對方是音樂之神阿波羅，被潘恩這種等級的對手瞧不起，可不會默不作聲地挨打。

很快地，兩位神祇便敲定比試的日期。而被選為評審的則是山神特摩羅斯，以及不知為何剛好路過此地，思慮淺薄的邁達斯王。

在特羅摩斯宣布「比賽開始」後，由潘恩率先上場演奏，身為評審的邁達斯則聽到深深著迷。待潘恩演奏完畢後，特羅摩斯接著促請阿波羅登場。

一頭飄逸金髮並配戴月桂花環的阿波羅，如行雲流水般地彈奏著以寶石和印度象牙裝飾的豎琴，令特羅摩斯以及在場所有人皆聽得如癡如醉。阿波羅一結束演奏，特羅摩斯便宣布由阿波羅獲勝，並請潘恩認同自己的演奏確實遜於阿波羅。

「國王的驢耳朵」由來

若事情在此告一段落倒也皆大歡喜，但是對這場勝負提出異議的，居然是凡人邁達斯。神與神之間的競爭已由另一位神祇做出定奪，本就沒有凡人插嘴的餘地。然而，不知為何邁達斯卻對特羅摩斯的裁決表示不服，直說這是「不當判定」。

阿波羅則對凡人竟敢出言干涉神祇的競爭結果而感到光火，認為聽不出音樂好壞的邁達斯不配擁有人類的耳朵，居然拉長了他的雙耳，使其長滿細毛，比照步履緩慢的驢子，塑造出一雙「驢耳」。

換句話說，**國王從此長著一副驢耳朵**。

惹怒阿波羅而頂著一對驢耳朵的邁達斯，在無計可施之下，平常只得包著頭巾來掩飾。而唯一會穿幫的場合，就是請理髮師剪髮的時候。畢竟剪頭髮得摘下頭巾，所以無論如何都會被理髮師看見這雙奇特的耳朵。
話說如此，身為國王御用的理髮師，若亂洩漏國王的祕密可是會賠掉性命的。雖然很想向其他人分享這個八卦，但話一出口包準沒命。於是，理髮師只好在地上挖個洞，朝著這個洞小小聲地說出國王的祕密後，再將洞填平離去。
沒想到，這個洞在一年後長滿了蘆葦，蘆葦們輕聲地複誦著理髮師當時對著洞內傾訴的祕密。「國王的驢耳朵」便在轉眼間成了人盡皆知的消息。
插嘴干涉神祇之間的競爭，頃刻間便會惹火上身，遭受處罰。希臘諸神們會賜給人們恩惠，但對凡人不經大腦的發言，總是疾言厲色決不寬貸。

小知識
「國王的驢耳朵」是伊索寓言知名的故事之一，各國也發展出不同的版本。在日本則由四季劇團改編成音樂劇，最後則是皆大歡喜的圓滿結局。

事件FILE 21

令音樂評審也訝異的阿波羅「求勝」執念

【繆思 Muses】

記憶女神妮莫西妮（Mnemosyne）與宙斯所生的九名女兒，掌理人類所有知性活動，諸如文藝、音樂、舞蹈、哲學、天文等領域的女神。亦為音樂（Music）、博物館（Museum）的語源。

希臘諸神雖是人們的守護神，但對於態度不敬、自以為了不起的凡人或神祇，往往會無情地給予殘酷的懲罰。

某天，女神雅典娜以鹿骨製成長笛，在眾神薈萃的宴會上得意洋洋地露一手時，平時總愛與其爭奇鬥豔的赫拉與阿芙蘿黛蒂見狀卻大笑不已。原因在於，雅典娜吹奏長笛時眼神灰暗，雙頰鼓脹的神情實在太滑稽的緣故。

氣沖沖的雅典娜遂前往伊季山，透過森林泉水確認自己吹笛時的模樣，這才發現表情的確很古怪。對自身美貌充滿絕對自信的雅典娜，根本無法忍受這樣的情況。能發明出音色優

美的笛子是很了不起的一件事，但吹奏時會讓絕世美顏淪為笑柄的話，只會令人打退堂鼓。

雅典娜心想「為了不讓其他人接觸到這麼丟臉的樂器，就把它丟在這吧」而隨手丟棄了這支笛子。

與此同時，她還多餘地留下預言：「吹奏這支笛子者，將會受到嚴懲。」

簡言之就是一支受到詛咒的笛子，而不幸撿到它的則是牧羊的瑪爾緒阿斯（Marsyas）這名薩堤爾（Satyr）。薩堤爾為半人半獸的山野精靈，具有山羊的特徵，會長角或尾巴。

瑪爾緒阿斯興高采烈地吹奏著拾來的笛子，而且不知不覺間居然能流暢地吹奏出各種樂曲，讓他臭屁地認為自己是世界第一的長笛好手，技藝甚至凌駕阿波羅這位音樂之神。

完全以為自己天下無敵的瑪爾緒阿斯，竟然大膽地向阿波羅下戰帖。對阿波羅來說，瑪爾緒阿斯這種小咖膽敢來踢館這項行為本身，就已經傷了其自尊，因而決定開出條件來應戰。

那就是「勝者可以自由處置敗者。」

為求勝利不擇手段

無論是阿波羅所演奏的豎琴，還是瑪爾緒阿斯所吹奏的長笛，皆譜出優美動聽的樂音。擔任評審的繆思（文藝女神）們也顯得猶豫，不知該如何評判。阿波羅見狀突然將豎琴倒放，以上下顛倒的狀態演奏出分毫不差的旋律，並對瑪爾緒阿斯說道：

「你也同樣做做看。」

豎琴即便是上下顛倒也有辦法彈奏，但笛子倒著吹肯定無法變出美麗的音色。自尊心強，好勝心重的阿波羅不惜耍心機求勝，不過這其實也是希臘神祇的一貫作風。

阿波羅認為，膽敢對自己下戰帖這件事本身就是不崇敬神祇的行為，更不可能承認世上有人的實力與自己不分軒輊。

當然，瑪爾緒阿斯也只能認輸。

原本阿波羅也只須對瑪爾緒阿斯曉以大義「今後別再想出這種要與我一決勝負的餿主意」就好，但對臭屁的瑪爾緒阿斯感到火大的阿波羅，卻做出異常殘酷的懲罰。

阿波羅將瑪爾緒阿斯綁在樹上，活活剝下他的皮。另一說則指稱，阿波羅命斯基泰人（Skythai）將瑪爾緒阿斯碎屍萬段。相傳瑪爾緒阿斯所流出的鮮血，以及對他的死感到悲痛的人們所流下的眼淚，**後來成為流貫弗里吉亞的瑪爾緒阿斯河**。

話說回來，雖然彼此約定好落敗者得任由獲勝者處置，但應該也有個限度才是。阿波羅心狠手辣到下達如此殘虐無道的懲罰，固然令人驚訝，但對笛子下詛咒的雅典娜也是令人不敢恭維。

希臘諸神同時具有恐怖的一面，有時會面不改色地做出極其殘忍的行為。

小知識

瑪爾緒阿斯所吹奏的樂器，如同雙簧管般具有兩塊簧片，被稱之為奧洛斯管（aulos）。吹奏時鼓起雙頰將空氣預留在口腔內，透過一邊將空氣吹出一邊從鼻子吸氣的循環呼吸法，讓樂音不會因為換氣而中斷。

事件FILE 22

「男人與女人的性福指數」擁有雙性經驗的

泰瑞西亞斯

【泰瑞西亞斯 Tiresias】

希臘神話中十分活躍的盲眼先知。有關其盲眼的原因，有一說主張，他因瞧見沐浴中全裸的雅典娜而被奪走視力，並獲得預言能力做補償；另一說則主張，他因回答宙斯與赫拉所提出的問題，答案卻令赫拉不悅而奪走其視力，宙斯遂賜他預言能力。

「會吵架代表感情好」這句話，往往用來形容夫妻、情侶、朋友之間的關係。先不談爆發口角的兩造孰是孰非，若只是為了一些雞毛蒜皮的小事而爭論不休，被捲入這場爭執中的其他人，一定會覺得「你們真是夠了」。而本篇主角就是被捲入這場口水戰的苦主。

某天，宙斯將平日的瑣碎煩惱與女色通通拋一邊，暢飲神酒喝得飄飄然。此時陪伴在祂身邊的不是哪位情婦，而是正宮赫拉。

宙斯不知想到什麼，突然對赫拉說出這句話：

「我確定，女人的歡愉程度比男人的還要高很多。」

宙斯指的是性愛方面的歡愉，赫拉聞言卻立即提出反駁。赫拉是貞節觀念很強的女神，不過宙斯可是閱女無數身經百戰的強者。這回祂所說的話似乎也有其道理，但赫拉卻堅持己見不肯退讓。

宙斯可能也拿赫拉沒轍，最後演變為「既然妳這麼有把握的話，那就來看看誰才是對的吧」，而委請博學多聞的凡人泰瑞西亞斯來評判。

全知全能的大神為何要特意向凡人請教此事呢？其實，背後有個很重大的理由。

泰瑞西亞斯某天在森林裡用手杖狠狠打死兩隻正在交尾的大蛇。接著不可思議的是，原本為男兒身的泰瑞西亞斯竟然變成女人。

電影等戲劇不乏男女主角靈魂互換的情節，然而泰瑞西亞斯的情況卻是單獨從男變成女。無計可施的泰瑞西亞斯便以女性之姿度過七年的歲月，但在第八年時又遇到同種類的蛇。他靈機一動，心想，

「如果以手杖擊蛇，能召喚出改變當事人性別的法力，那麼再做一次同樣的事，或許就能變回男人。」

泰瑞西亞斯比照從前，再次仗打野蛇，果然如他所預想般，重新恢復男兒身。

換言之，**泰瑞西亞斯不僅博學多聞，還擁有男女雙性經驗，是世間罕見的奇才。**宙斯與赫拉認為，泰瑞西亞斯兩邊都曾有過體驗，應該能為彼此的爭執提供解答。

實話實說反遭殃

泰瑞西亞斯被叫來仲裁天神夫妻檔間不正經的爭執，並且力挺宙斯的意見，直言不諱地表示：

「假如性愛的喜悅指數為十，那麼男女的歡愉比率則是一比九，女性的享受程度遠比男性高得多。」

一般聽到這樣的結論，頂多回應「是喔」來做結，但赫拉卻因為自身的意見遭否定而不爽在心。沒想到，竟然還因此出手懲罰泰瑞西亞斯，令其失明。

宙斯可能也覺得赫拉下手太重，處罰過當吧，便賜給失去視力的泰瑞西亞斯預知未來的能力，並使其長壽安康。從此之後，**泰瑞西亞斯便成為底比斯赫赫有名的先知。**

被有權有勢者叫來詢問「你覺得哪一邊才是正確的？」總令人不知該如何回答才好。如果對方擁有對就是對，但說無妨的氣度那倒還好，但有些人覺得自己意見遭到否定時，就會翻臉發火表示「你這是瞧不起我嗎」實在很難纏。

究竟是該秉持著「對就是對」的心態直言無諱，還是揣摩上意點到為止，永遠都是人生在世最棘手的課題。

小知識
泰瑞西亞斯的預言經常出現在希臘神話中。譬如，告訴安菲特律翁，阿爾克美娜是被宙斯玷汙的、開導伊底帕斯王（Oedipus）作物歉收與瘟疫的原因在於王本身的也是泰瑞西亞斯。他亦相當長壽。

事件FILE 23

「連戰連敗」威力無窮仍舊一路輸到底的波賽頓

【波賽頓 Poseidon】

宙斯的兄弟，法力僅次於宙斯。與宙斯從父親手中奪下統領世界的權力後，經由抽籤獲得海洋統治權。居住於愛琴海底的神殿，武器為具有三支槍頭的三叉戟。為奧林帕斯十二主神之一。

波賽頓為克洛諾斯與瑞亞之子，與宙斯和黑帝斯為手足。三兄弟透過抽籤來決定各自的統治區域，最後黑帝斯成為冥界統治者、波賽頓為海洋統治者，而宙斯則是天空統治者。

相傳海洋霸主波賽頓的法力僅次於宙斯，擁有強大的威力。在希臘神話中為掌管海洋與地震的神祇，因此當波賽頓震怒抓狂時就會引起劇烈地震，令世界地動天搖。此外，據說創造出馬這種生物，並且教導人類馭馬術的也是身兼泉水與馬匹之神的波賽頓。波賽頓對人類生活而言乃不可或缺的存在，可是一旦被惹毛就會變得很恐怖。

波賽頓手持三叉長槍，別名「波賽頓三叉戟」的武器，相信讀者們應該不陌生吧。

儘管波賽頓威力無窮，法力無邊，但在希臘各都市建立過程中，不知為何卻在諸神爭奪各地區土神地位之際不斷屈居下風，完全就是連戰連敗。

最有名的事蹟莫過於阿忒奈（Athenai，現在的雅典）攻防戰。

波賽頓與女神雅典娜站在現今仍位居雅典市中央的衛城（Akropolis）山丘上，互相競爭誰才能為雅典民眾謀福利。擔任評審的諸神們，將會判斷哪一方所帶來之物更有益於人民，並命其擔任此地主神。

波賽頓自信滿滿地以三叉戟敲擊大地，鹽水泉立即湧現。

另一方面，雅典娜則以長戟刺向地面，

種出世界第一棵橄欖樹。

擔任評審的眾神們認為，橄欖樹比鹽水泉更能在人類生活中發揮作用，因此雅典便由雅典娜來統治。

這項判斷的確合情合理。就海洋統治者波賽頓的立場來看，鹽水是再熟悉不過的東西，對魚類來說更是不可或缺的資源。然而，對人類而言，鹽水無法拿來飲用。而且，人類所栽培的農作物與各種樹木，光是接觸到隨風飄來的鹽分就會枯萎凋零，因此沒有人會對波賽頓的這項禮物感到開心。

相對於此，橄欖樹不僅可以食用其果實，還能榨成油等用途多變。

因此，波賽頓就這樣敗下陣來，但祂卻對這項判決勃然大怒而引發洪水，害人類吃足了苦頭。有鑑於此，想必人們愈發認為沒有選祂當主神真是明智的決定吧。

承繼父親殘暴血統的孩子們

波賽頓與其它神祇的對戰皆以敗北告終。

在阿爾戈斯時，因與赫拉爭奪主神寶座落敗，憤而做出令泉水乾涸的不肖行為。當時達那俄斯（Danaus）的女兒阿蜜莫妮（Amymone）為波賽頓的情人，市中心才因此倖免於難，逃過一劫。

其他像是，在科林斯（Corinth）敗給赫利俄斯、在愛琴娜（Aegina）輸給宙斯，以及在納克索斯（Naxos）與戴歐尼修斯交手，結果依舊一敗塗地。貴為海洋霸主，卻陷入連戰連敗的窘境。

波賽頓還有另一項特色，**那就是情婦無數，子女成群，不過相傳這些後代們不是怪物就是性格暴虐無道。**這一點與孩子們皆為奧林帕斯十二主神成員的宙斯大不相同。綜合以上各點來看，波賽頓或許可說差了一大截。

小知識
因卡通「海王子」與「小美人魚」愛麗兒（Ariel）的父親一角而廣為人知的特里同（Triton），為波賽頓與安菲特里忒（Amphitrite）所生之子。一般多被描繪成半人半魚之姿騎著海馬，吹響海螺來守護海洋的安寧。

神祇・英雄介紹 4

【波賽頓】

克洛諾斯與瑞亞之子。貴為海神，武器為三叉戟。不只是海洋，亦身兼動搖大地的地震之神。另外還掌管馬匹與馬術，也是賽馬守護神。英語則稱之為尼普頓（Neptune）。

波賽頓的宮殿位於海底，相傳祂養了一匹長著青銅蹄與黃金鬃毛的馬，平時會搭乘戰車帶領海怪們在海中出巡。

波賽頓與許多女神和凡人交歡並生下孩子。祂曾化作一頭公馬與變身成母馬的大地女神狄蜜特發生關係，而誕下令人聞之色變的女神戴絲波伊娜（Despoina）與神馬阿里翁（Arion）。此外，祂也與梅杜莎（Medusa）有一腿，相傳生下了長著翅膀的馬，佩加索斯（Pegasus）。而且波賽頓也是獨眼巨人波呂斐摩斯（Polyphemus）之父。

不只如此，因星座獵戶座而馳名的巨人俄里翁（Orion），則被認為是波賽頓與凡人女子之愛的結晶。俄里翁是一名俊美的獵人，相傳波賽頓賜給他海中行走的能力。

波賽頓與數不清的女性有過肌膚之親，也因此子女成群，但這些孩子多半是馬、怪物或巨人。波賽頓在希臘諸神中是自古以來特別為人所信仰的神祇，也是為神話增色的異界角色們之父。

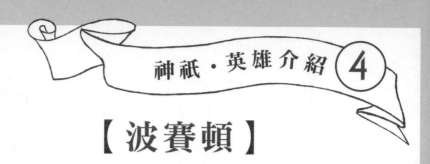

第5章

謊言與爾虞我詐事件簿

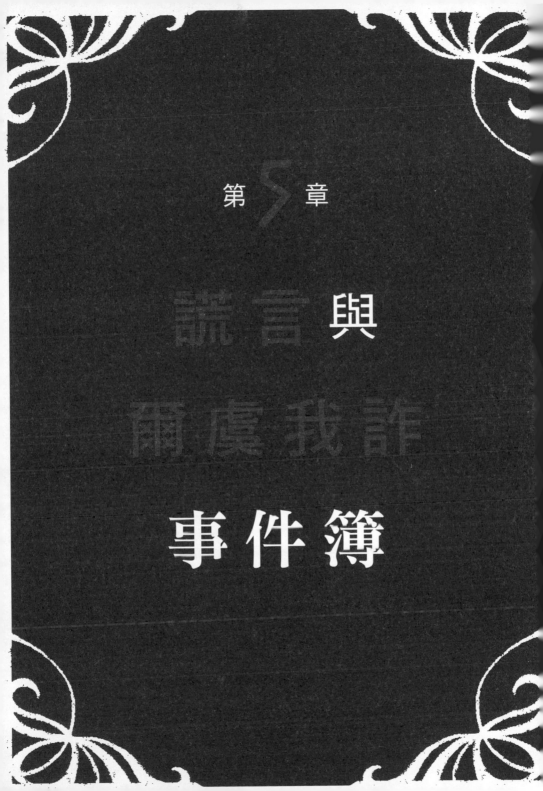

事件FILE 24

足智多謀卻陷入「萬劫不復」之地的普羅米修斯

【普羅米修斯 Prometheus】

因「普羅米修斯之火」而聞名的男神，為泰坦神族成員。具有「先見之明」充滿智慧，因欺瞞宙斯而惹禍上身，被鎖鏈綑綁於高加索山（Caucasus），承受著由虎頭海鵰啄食其肝臟的刑罰，後被海克力斯所救。

讀者們是否曾想像過沒有火，抑或沒有肉的生活呢？

無論哪一個項目都是我們生活中不可或缺之物，**而將火與肉帶給我們人類的神則是普羅米修斯。**

對人類而言，普羅米修斯是位令人感恩戴德的神祇，但祂本身卻因為將火與肉賜給人類，而長期受到地獄般的折磨。造成這個局面的原因在於，被譽為「洞燭機先的男人」十分睿智又長於謀略的普羅米修斯，竟兩度欺騙全知全能的宙斯大神，令其怒不可遏的緣故。

普羅米修斯第一次蒙騙宙斯是發生在分配祭品的攻防戰上。

或許會有讀者認為神祇幹嘛要為這種事鬧翻呢？不過這種充滿人性的情節，也是希臘神話的魅力之一。

某天，兩人在墨克涅（Mekone），正決定該如何將獻神牲禮分配給神與人。普羅米修斯為了幫助人類，而用計欺騙宙斯。宰了一頭大公牛的普羅米修斯，將牛身處理成以下兩種類型。

1. 以牛皮包藏牛肉與內臟，佯裝成沒有太多可供食用的部分
2. 以脂肪包裹牛骨，令其顯得美味誘人

接著請宙斯挑選喜歡的部位。宙斯則被普羅米修斯精心設計的圈套所騙，選擇了

「2」。

有些書提到「宙斯看穿普羅米修斯的計謀，卻假裝被騙」，不過這其實是作者為宙斯護航而已，實際上應該真的只是單純被騙吧。畢竟有權有勢者是不會輕易承認「我被騙了！」

後續得知實情的宙斯，對於普羅米修斯的欺瞞大為震怒，不過人類也因為這樣，將動物獻給神作為祭祀牲禮時，可以將肉與內臟等美味部位保留下來當食糧，甚至還能取下外皮來加工，只要將骨頭等無法食用的部分獻祭給神即可。

為人類帶來文明的神祇

人類完全就是感恩普大神，讚嘆普大神，但宙斯卻忘不了這份屈辱。遲遲無法消除心頭之恨的宙斯，為了懲罰人類，拒絕將烤肉、取暖所必須用到的「火」交給人類。

對人類來說，「火」是比什麼都還珍貴的東西。有火就能煮食，在夜晚也能照亮環境。天寒時能用來取暖，還能阻擋可怕的野獸靠近。當然，沒有火也就不會有文明誕生。

而此時挺身而出的依舊是普羅米修斯。**祂瞞過宙斯，將火藏在茴香枝裡，並成功偷渡給**

人類。

此舉又惹得宙斯暴跳如雷。不但原本應該由神祇享用的肉類被人類整碗端走，甚至連妙用無窮的火都偷偷從神界下放給人類，宙斯會無法容忍普羅米修斯的奸計一再得逞，其實是再自然不過的反應。

站在人類的立場來看，普羅米修斯的大恩大德沒齒難忘，但是就其他神祇的觀點來看，只會覺得祂是欺騙神界處處偏袒人類，面目可憎的傢伙。

當睿智善謀略之人力挺己方時，會令人覺得安心可靠，但若處於被騙的另一方，則會對其滑頭狡詐的做法恨得牙癢癢。也就是說，幾度受騙的宙斯會勃然大怒，進而下達永遠的懲罰或許也是必然的結果。

小知識

「普羅米修斯之火」指的是普羅米修斯為人類盜火一事，但也經常被用來比喻核子動力等高風險科學技術。火為人類帶來文明，同時也引起各種爭端。

事件FILE 25

唯恐「王位不保」而吞食親骨肉的克洛諾斯

【克洛諾斯 Kronos】

天空之神烏拉諾斯與大地女神蓋亞之子。以蓋亞所授予的金剛鐮刀割下父親陽具並丟入海中，奪走統治權成為統治者，但這個寶座也同樣遭自己的孩子宙斯所奪。

在日本戰國時代，諸如武田信玄和伊達政宗，都曾傾全力奪走父親大權，**而在希臘神話的世界裡，父親們也經常地位不保，被孩子趕下寶座。**

最初一統神界的是烏拉諾斯，但祂遭兒子克洛諾斯割下命根子並奪走王位。而奪走克洛諾斯王座的則是其子宙斯。其實，這兩位父親在遭到推翻前亦非毫無警覺心。

無論是烏拉諾斯還是克洛諾斯皆知曉「自己會毀於親骨肉之手」的預言，因此想方設法阻止此事成真。烏拉諾斯接二連三地將孩子丟往塔爾塔羅斯地獄；克洛諾斯則接二連三地吞下甫出世的孩子。

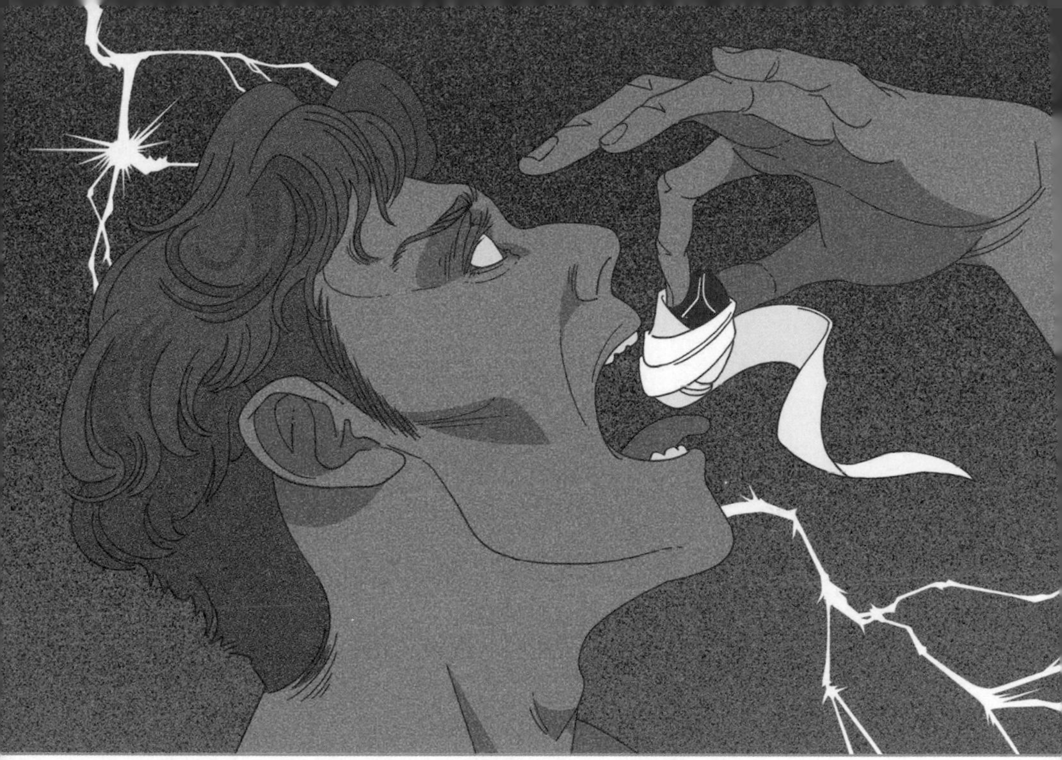

若不想被親骨肉篡位的話，大可不必生孩子就好，可是克洛諾斯與妻子瑞亞卻一生再生，然後再自行以生吞的方式處理。

每逢孩子出生便吞下肚的做法，的確能讓自己穩坐王位，但孩子們的母親瑞亞可無法坐視不理。

前前後後被克洛諾斯奪走五個孩子的瑞亞，得知自己懷了宙斯時，便找母親蓋亞商量該如何保住這個孩子。接著便在當晚前往克里特島，決定在此產下宙斯，暗中撫養。瑞亞以襁褓仔細包裹石頭佯裝成新生兒來代替真正的宙斯，並交給克洛諾斯。

克洛諾斯接過石頭，完全以為這真的是自己的孩子，比照慣例直接吞食。按常理而言，畢竟石頭與嬰兒有別，應該會有所察覺才是，但就連全知全能的宙斯大神，也會將被脂肪包覆的骨頭誤認為美味肉塊，所以，克洛諾斯會錯將石頭當孩子吞下肚也不足為奇。

就這樣瞞過克洛諾斯而得以倖存的宙斯，在克里特島由寧芙仙女們悉心照顧長大。母山羊阿瑪爾忒婭（Amalthea）負責哺乳，保姆庫勒絲等人則武裝保護宙斯，而且為避免克洛諾斯聽到嬰兒哭聲，會以長槍和盾牌擊出聲響，嚴防育兒大計功虧一簣。

兒子打倒父親之絕地大反攻

平安長大的宙斯於是著手報仇。首先，宙斯讓克洛諾斯服下俄刻阿諾斯（Oceanus）之女墨提斯（智慧女神）所提供的藥。只見克洛諾斯最先吐出宙斯的替身石，而後一個接一個地吐出之前被祂吞下肚的孩子們。這些重見天日的孩子為宙斯的兄弟波賽頓與黑帝斯，以及赫拉、狄蜜特、赫斯提亞（Hestia）等相當於宙斯姊姊的女神們。

接下來，宙斯與兄長波賽頓和黑帝斯聯手，將志同道合的眾神們集結於奧林帕斯山。爾後與尊克洛諾斯為王，統領世界的泰坦神族交戰長達十年，終於贏得勝利。

打了勝仗，獲得雷霆這項無敵武器的宙斯進而成為天空統治者，波賽頓則掌管海洋，黑帝斯成為冥界之王，**從此確立了宙斯在希臘神話中君臨天下的至高無上地位。**

此後，宙斯的權勢固若金湯，不過這一切皆建立在克洛諾斯驅逐烏拉諾斯、宙斯打倒克洛諾斯這種兒子推翻父親血流成河的歷史上。

有人說父親是兒子總有一天必須超越的一道牆，對父親而言，孩子能青出於藍是很令人欣喜的事情。然而在希臘神話中，這卻是一件攸關性命的大挑戰。

小知識

為了戰勝克洛諾斯，宙斯釋放了被關在地底的庫克洛普斯（Cyclops，獨眼巨人）。他們可是打鐵名匠，為宙斯製造雷霆、替波賽頓打造三叉戟，為這場勝利做出許多貢獻。

事件FILE 26

正中夫婿「嚴防重蹈覆轍」計謀的墨提斯

【墨提斯 Metis】

宙斯的第一任妻子，智慧女神，為俄刻阿諾斯與特堤斯（Tethys）之女。將嘔吐藥交給瑞亞好讓克洛諾斯吐出孩子的就是墨提斯。

打倒父親克洛諾斯，成為神界統治者的**宙斯所娶的第一任妻子即為墨提斯。墨提斯被稱為智慧女神。**

克洛諾斯因被下藥而將石頭與宙斯的兄弟姊妹通通吐了出來，此藥則是由墨提斯提供的。遇到困難時，最可靠的果然還是掌管智慧的神祇。宙斯娶了墨提斯作元配，然而得知墨提斯懷有身孕後，宙斯卻感到煩惱，因為祖母蓋亞曾如此預言：

「墨提斯所誕下的男兒將奪走宙斯的王位。」

兒子推翻父親奪取王座是希臘神話中不斷上演的橋段，所以歷屆統治者才會將來到世上

報到的孩子關在冥界，或生吞下肚。不過此舉必當惹怒太座，結果總被妻子和孩子聯手報仇，趕下王位。

實際上宙斯也是這樣打倒克洛諾斯登上統治者寶座的，因此會疑神疑鬼地認為「這次輪到我了嗎」也可說是很正常的反應。簡直就是因果循環，報應不爽。

究竟該如何處理這件事才好呢？

宙斯也與祖父和父親一樣打算對孩子下手，不過與烏拉諾斯和克洛諾斯不同的是，宙斯不只將目標放在孩子身上，還打算連妻子也一併處理掉。

光是對付孩子只會讓妻子懷恨在心，根本毫無意義。畢竟對做母親的來說，孩子可是心肝寶貝，若有人敢危害自己的孩子，即便是丈夫，不，應該說正因為是丈夫反而會更加怨恨。

宙斯苦思如何在不惹怒妻子的情況下將孩子做掉，但太太墨提斯可是智慧女神，計謀不夠縝密就會立刻被識破。有一說指稱，由於墨提斯具有能變身成任何事物的法力，宙斯便利用這點來達成陰謀。

女神雅典娜的誕生

宙斯央求墨提斯「變成那個給我看」、「變成這個給我看」，墨提斯一一照辦，不斷變身，宙斯便故意裝得很崇拜。完全被宙斯捧得飄飄然的墨提斯，聽到宙斯挑釁「妳再怎麼厲害應該也無法變成一滴水吧（有一說是變成蒼蠅）」，便回道「這還不簡單」，瞬間化成一滴水。

就在這當下，宙斯居然將變成水滴的墨提斯吸乾抹淨。生吞孩子恐怕會像克洛諾斯般遭到妻子報復，連同妻子一併吞下，不但不必擔心被反咬，也不會有孩子來奪走自己的地位。

這可說是宙斯絕處逢生的精心策略，就連智慧女神墨提斯也被擺了一道。

對墨提斯而言，這真是一個大意失荊州的事件，然而，事情不會就此落幕乃希臘神話的特色所在。被宙斯吞下肚的墨提斯仍活著，並讓宙斯產生判斷善惡的能力，宙斯因此成為全知全能的天神。宙斯之所以能在這之後穩坐江山，正是因為獲得了墨提斯智慧的緣故。不僅如此，墨提斯肚中胎兒也順利成長。

不久後宙斯因頭痛欲裂而找上鍛造之神，命其以斧頭剖開自己的頭顱。一剖下去，**一名身穿盔甲全副武裝的女神橫空出世。這名女神正是雅典娜。**

預言提到「墨提斯所誕下的男兒將奪走宙斯的王位」，然而來報到的卻是女兒。宙斯的王權就此穩若磐石。

阿芙蘿黛蒂生於烏拉諾斯的陽具，雅典娜則自宙斯的腦袋降生，希臘知名的女神們都從很奇特的地方來到世上。

小知識

身穿盔甲出生的雅典娜後來使用的護具，相傳是由赫菲斯托斯（Hephaestus）打造，並且還有宙斯賜予的「埃癸斯」（Aegis，一般認為是盾牌或護肩）。

事件FILE 27

「說謊為竊盜的開始」從出生就開始動歪腦筋的赫爾墨斯

【赫爾墨斯 Hermes】

商業、小偷、畜牧之神。宙斯的小兒子。擅長詐術，發揮偷竊技巧解救與堤豐（Typhon）交手而陷入苦境的宙斯。負責擔任諸神之間的傳令信使，往往被描繪成腳踩插翼涼鞋，頭戴翼帽的模樣。為奧林帕斯十二主神之一。

有些人若不小心起了歹念時，會以「人在做，天在看」的說法來規戒自己。就算四下無人，覺得自己所做的壞事肯定不會穿幫，但這些行為老天都看在眼裡，總有一天會受到報應。所以，即使當下沒有其他耳目也應該行得正，就是這句話所要傳達的觀念。

若根據這個說法，天神應該是剛正不阿的，**但希臘諸神中，卻有位打從出生就滿口謊言的神祇，名叫赫爾墨斯。**

赫爾墨斯為宙斯與邁亞（Maia）之子，擁有宙斯所期盼的智慧，但愛說謊又擅長竊盜。而這些才能從祂出生那天便發揮得淋漓盡致。

才剛來到世上便立刻從搖籃溜走的赫爾墨斯，將路上撿到的龜殼做成豎琴後，前往眾神放養牛隻的皮埃里亞山（Pieria）。同父異母的哥哥阿波羅在這裡養了五十頭牛，赫爾墨斯在此便已開始動歪腦筋，打算將牛偷走。

首先，祂讓牛倒著走，塑造出地面只有牛隻進入牧場的痕跡。接著又以樹枝為自己編了雙奇特的涼鞋，來混淆自身的腳印。如此一來再如何仔細搜查地面的印記，也很難追蹤到嫌犯，手法實在相當狡詐。

毫不費力地偷走牛隻的赫爾墨斯，將其中兩頭作為獻神牲禮，並把肉吃個精光後，將其他牛隻藏在洞穴內，趕在天亮前再度回到搖籃裡。

赫爾墨斯一臉自然地裝睡，而找上門來的則是牛隻遭竊的阿波羅。阿波羅擁有看穿萬事的法力，縱使赫爾墨斯的詭計再高明，也瞞不過阿波羅。然而赫爾墨斯卻裝蒜到底「剛出生的小寶寶怎有辦法偷竊」，阿波羅則威脅「再不立刻把牛還來的話，就把你丟到冥界去」，赫爾墨斯便提議「那就請父親宙斯來裁決吧」。

舌燦蓮花將眾神哄得團團轉的小嬰兒

被帶到宙斯跟前的赫爾墨斯依舊一副理直氣壯的模樣表示：「父親大人，我所說的話才是真的。我沒有錯，而且（我還是小寶寶）不知道如何說謊。」

宙斯心知肚明牛是赫爾墨斯偷的，但看到剛出生的孩子發揮自己所期盼的雄辯之才，漫天扯謊否認偷竊牛隻一事，簡直愈看愈有趣。於是宙斯對赫爾墨斯與阿波羅下令：「你們要同心協力，找出牛隻。」

赫爾墨斯只得乖乖地將牛還給阿波羅，而且為了討好餘怒未消的哥哥，還彈奏了自製的豎琴。阿波羅聽完後十分中意這把豎琴，便要求赫爾墨斯轉讓。

原本理應交出豎琴作為賠罪之禮的赫爾墨斯，卻在此時開出交換條件。赫爾墨斯向阿波羅遊說，我把豎琴送給你，那你要把我剛剛還你的牛給我。是說，這樣不是很奇怪嗎？

阿波羅本來就是牛的主人，既然赫爾墨斯偷牛，理當無條件地歸還牛隻才是。豎琴充其量只是用來為偷竊行為賠罪的小禮，赫爾墨斯卻要阿波羅以牛隻來交換豎琴，還真不是普通地厚顏無恥。不過居然同意這項條件的阿波羅也是令人費解。

只能說，赫爾墨斯舌燦蓮花的本領就是如此高強，而十分喜愛吾子這項才能的宙斯，則任命赫爾墨斯擔任傳達口諭的使者。

就這層意義來看，赫爾墨斯的確可說是機智善謀略的神祇。話雖如此，透過謊言與欺騙來得到想要的東西這一點，會令人覺得有點不值得尊敬。

小知識

阿波羅想要蘆笛，赫爾墨斯便打造一支相贈，同時請阿波羅送給自己一根有兩條蛇纏繞的手杖（Kerykeion，商神杖）當回禮，並隨身攜帶。

事件FILE 28

「答錯就得死」勇敢挑戰攸關性命謎題的伊底帕斯

【伊底帕斯 Oedipus】

希臘神話英雄。索福克里斯(Sophocles)的希臘悲劇《伊底帕斯王》就是描寫其故事，並成為最有名的劇作之一。伊底帕斯情結(Oedipus Complex)則取自其名。

希臘神話中有各式各樣的英雄輪番登場。其中，伊底帕斯則是相當知名的悲劇英雄。

伊底帕斯的命運十分乖舛。底比斯王拉伊俄斯（Laius）明明收到神諭告誡「你所生的兒子終將弒父，故不得誕下男嬰」卻在酒後與妻子發生關係，產下男孩。

深信神諭的拉伊俄斯將孩子交給牧人並交代「以粗針刺穿這孩子的腳踝後丟棄」。而這名孩子之後卻被交到科林斯王波呂波斯（Polybus）之妻手上，夫妻倆決定將男嬰收為養子。

因其雙腳浮腫而取名為伊底帕斯，意即浮腫的腳。

長大後的伊底帕斯成為一名聰明又身強體健的好青年。

某天，伊底帕斯從旁人口中聽聞自己「不是波呂波斯的親生兒子」，為了確定真偽而前往德爾菲請示神諭，並得到這樣的回答：

「勿前往故鄉。否則你將手刃生父，與母交合」。

聽完神諭的伊底帕斯相信波呂波斯就是自己的生父，並聽從指示，往科林斯的相反方向前進。他決定在父母有生之年不再接近故鄉，卻在旅途中遇到親生父親，底比斯王拉伊俄斯。

當時伊底帕斯正在趕路，但拉伊俄斯所乘坐的戰車擋在狹窄的道路上，還下令「閒雜人等讓開」並殺死伊底帕斯的一隻馬。對此大怒的伊底帕斯憤而將拉伊俄斯與其隨從殺得片甲不留。換句話說，伊底帕斯在不知情的情況下，做出神諭所指的弒父行為。

終於抵達底比斯的伊底帕斯，受託出面解決襲擊此地的悲劇。

斯芬克斯的謎題

此時，在底比斯的比基翁山上，住著女神赫拉所派來的斯芬克斯（Sphinx）。母親為艾奇德娜（Echidna），父親為堤豐的斯芬克斯，是一隻具有女性容貌，身體卻是獅身，背上還長著翅膀的怪物。

斯芬克斯會向往來底比斯的旅人出謎題，若答錯就會將人吃掉，是相當可怕的怪物。有如此駭人的怪物出沒，不但底比斯人民沒辦法安心遠行，底比斯外的民眾也不敢來訪。

當人民的往來交流與物流中斷時，該地就無法繁榮起來。在拉伊俄斯身亡後成為攝政的克瑞翁（Creon，伊俄卡斯忒Iokaste兄長）因而宣布：

「能解開斯芬克斯所出的謎題，終結這場災難者，將與伊俄卡斯忒（拉伊俄斯之妻，伊底帕斯生母）成婚，成為底比斯王。」

面對前來底比斯的伊底帕歐，斯芬克斯出題問道：

「什麼東西只有一種聲音，卻有四條腿、兩條腿、三條腿？」

伊底帕斯回答「人」。理由在於人在嬰兒時期會以雙手雙腳爬行，成人後以兩腿行走，年老了會將拐杖當成第三條腿。原本志得意滿地認為人類不可能解開這道謎題的斯芬克斯，既震驚又羞愧，最後跳崖而死。

克瑞翁履行承諾說到做到，而伊底帕斯就在不知伊俄卡斯忒為自己生母的情況下，與其結為連理，當上國王，甚至還生了孩子。**伊底帕斯以為自己已竭力避開神諭所指的情況，殊不知一切皆應驗了神諭內容。**

斯芬克斯所出的謎題可說為伊底帕斯帶來了榮光與悲劇。

小知識 拉伊俄斯王除了這道神諭外，還受到「佩羅普斯（Pelops）的詛咒」。拉伊俄斯在孩提時代曾流亡國外，而被佩羅普斯收留。佩羅普斯命他教育自己的兒子，但他卻愛上其子並害其喪命。

事件FILE 29

「來勢洶洶的天災」只能祈求上蒼保佑的人們

【艾亞哥斯 Aiacos】

宙斯與河神阿索波斯（Asopus）之女愛琴娜（Aegina）的孩子。為希臘神話中最敬神的英雄。他曾協助阿波羅與波賽頓修築特洛伊城牆，死後於冥府審判亡者。

面對大地震或海嘯等自然災害的威脅，人類有時在當下只能茫然呆立祈求神靈保佑。誠然，人們會再站起來重整家園，但在重新振作之前，總會被無以名狀的絕望感襲擊。

這次讓人們飽受災害之苦的原因，依舊是由宙斯偷腥而惹怒赫拉所引起的。

愛上河神阿索波斯之女愛琴娜的宙斯，一如往常般又擅自將人帶走。愛女無故失蹤的阿索波斯，為了尋找女兒踏遍希臘，但毫無所獲。

而告知阿索波斯此事乃宙斯所為的，則是被喻為**人間第一狡詐的科林斯王薛西弗斯（Sisyphus）**。阿索波斯同意薛西弗斯所開出的條件，讓他的土地冒出湧泉，薛西弗斯這才

說出自己目睹宙斯帶走愛琴娜一事。

對此勃然大怒的阿索波斯遂前往宙斯與女兒的愛巢。不料宙斯居然惱羞成怒，不但沒把千金還給人家，還以雷霆趕走這位父親。接著宙斯將愛琴娜帶往俄諾涅島（Oenone），並在此生下艾亞哥斯。

從此之後，這座島就被稱為愛琴娜島。

然而，最大的問題就是赫拉。老公宙斯又搞上別的女人，不僅生了孩子，連島嶼都冠上此女之名，令她火冒三丈，氣憤難耐。

原本何罪之有的愛琴娜島就這樣被赫拉視為眼中釘，並在此地散播可怕的瘟疫。只見整座島嶼被濃霧包圍，接著吹起了會讓生物氣力全失的致命熱風。由於泉水、湖泊和河川皆被毒物汙染的緣故，不只狗、鳥、羊、牛等家畜遭殃，野生的豬、鹿、熊等動物也無一倖免，空氣中充滿著這些屍骸所散發出的強烈臭味。

接下來瘟疫的魔爪則伸向人類。內臟被燒得糜爛，全身發燙，無論喝再多的水依舊感到口渴的這種苦痛將當地人們折磨得奄奄一息，一個個撒手人寰。

畢竟這是起因於女神瘋狂怒火下的疫病，攻勢無比猛烈，根本無法以人類的醫術來對抗。人們也因為失去得救的希望而自暴自棄，趁著還有一口氣在時為所欲為，無助地踏上黃泉路。

誕生自螞蟻的人類

面對這樣的悲劇，宙斯與愛琴娜之子艾亞哥斯對父親宙斯喊話：

「宙斯啊，若您對愛琴娜的情意為真，不以身為我的父親為恥的話。請讓我回到民眾身邊，抑或送我入墳地。」

宙斯於是透過閃電與雷鳴來回應艾亞哥斯。艾亞哥斯接著還在獻給宙斯的橡樹旁發現排成一長列的無數蟻群，並誠心說道：

「至高無上的父王，請您賜給我與此蟻群等量的人民，讓空蕩蕩的都城能再次人聲鼎沸起來。」

是夜，艾亞哥斯入睡後做了個夢。夢境中橡樹晃動，許多螞蟻紛紛掉落地面，螞蟻們來到地面後開始變大，身體不斷拉長，逐漸以後腳站立，接著居然變成人的樣貌。

隔天早上，艾亞哥斯只覺得做了個蠢夢，卻聽到屋外嘈雜不休而感到心驚，出外一看，人滿為患，大家紛紛向君王艾亞哥斯請安問好。帶來瘟疫的南風已止，四周吹起輕柔的東風。

艾亞哥斯**將這批新住民們取名為密爾彌東人（myrmidon，意為蟻男）**，並與他們攜手重建這座城市。

引發這場浩劫的根本原因在於，明知赫拉會怒不可遏，仍舊搞外遇的宙斯。不過，以遷怒方式將這股怨氣發洩在他人身上的赫拉也真的很傷腦筋。

小知識

希臘文稱螞蟻為「密爾梅庫斯」（myrmex），因艾亞哥斯的祈求，而從螞蟻變成人的密爾彌東人，之後與艾亞哥斯的孫子阿基里斯一同參與特洛伊戰爭，並成為希臘盟軍最強的精銳部隊。

【普羅米修斯】

原為與宙斯交戰的泰坦神族成員，但在此戰役中，普羅米修斯並未加入父親與兄長們的陣營，而是為宙斯助陣。因為普羅米修斯是神祇中首屈一指的智者，具備先見之明，早已預見宙斯會獲得勝利。

其實，普羅米修斯並非對宙斯心悅誠服，只不過看準了宙斯會贏，打算靜待時機，以便在日後發揮其傲人的智慧給宙斯一點顏色瞧瞧。而這個機會就是因「普羅米修斯之火」而聞名的「事件FILE24」故事。

普羅米修斯還知曉宙斯與海洋女神忒提絲結合後，會生下比宙斯還優秀的孩子這個秘密。宙斯逼迫普羅米修斯說出此秘密的詳情，據說普羅米修斯始終不肯吐露。

相傳普羅米修斯以泥土捏人，創造出人類，正因如此，才總是與人類站在同一邊，並賜給凡人食物與火，為人類帶來文明。不過，如同這個神話還有後續發展（詳見事件FILE40）般，普羅米修斯之舉亦為人類帶來災禍。

因此有關普羅米修斯的神話，除了講述文明的誕生外，亦涉及災禍的起源。

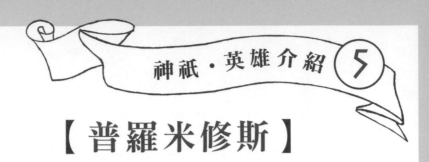

第6章

神格掉價事件簿

「光怪陸離」吹響悲戀笛音的潘恩

【潘恩 Pan】

源自阿卡迪亞（Arcadia）的牧人與家畜之神，下半身為山羊，上半身為男人，頭上長著山羊角。性好女色，亦熱愛音樂，隨身攜帶笛子。相傳其名為恐慌（panic）一詞的語源。

在希臘神話中有多則關於阿卡迪亞地區的牧人與家畜之神潘恩的奇妙事件，或者該說是既逗趣又顯得悲哀的故事。

有一說認為潘恩的父親是很會動歪腦筋的赫爾墨斯。在赫爾墨斯出生地庫勒涅山（Kyllene）附近，有一位名叫德律俄珀斯（Dryopes）的君王，相傳其女兒為潘恩的母親。在潘恩呱呱墜地之際，其母見到嬰兒古怪的模樣而大受驚嚇，逃之夭夭。這名嬰兒究竟有何古怪之處呢？

潘恩從一出生上半身就體毛濃密，頭上長了兩支角，下巴還有長長的鬍鬚；下半部則是

山羊身，腳上還有蹄。

若生出這樣的孩子，母親的確會驚慌失措。不過拿這件事取樂的則是生父赫爾墨斯。赫爾墨斯以野兔皮仔細地包好剛出生的潘恩，並將孩子帶往眾神居住的奧林帕斯。

接著赫爾墨斯在以宙斯為首的眾神面前宣布「這是我兒子」並讓潘恩亮相。眾神見到這個新生命顯得喜出望外，在座的戴歐尼修斯則以**令所有人感到歡喜為由，將其取名為「潘恩」**。

剛出生便取悅了眾神的潘恩，卻在某天出了大醜。

大地女神蓋亞為了報復宙斯與奧林帕斯諸神，將最強怪物堤豐派來奧林帕斯踢館。

被堤豐嚇壞的眾神，爭先恐後地變身成

動物逃走。只見宙斯變成綿羊、阿波羅變成烏、赫拉化身為白母牛、戴歐尼修斯則變身為公山羊，只有潘恩因為太過驚嚇，而變出上半身為山羊，下半身為魚的離奇古怪樣（附帶一提，相傳此時潘恩的模樣後來成為摩羯座形象）。

這個莫名其妙的變身不但令人搞不清究竟是何生物，也無法佯裝成正常動物行使障眼法。相傳潘恩這個驚慌失措的反應，後來成為「恐慌」（panic）一詞的由來，不過關於「恐慌」（panic）這個詞彙的起源，還有另一項說法。

潘恩平常在正中午時習慣躲在樹蔭下睡午覺，若有人妨礙其睡眠，就會氣沖沖地令當事人或家畜陷入恐慌狀態，因此才衍生出「panic」這個詞彙。

隱藏於潘恩笛音下的傷心事

由於潘恩完全不受女性青睞，所以會藏身於草叢內埋伏等待仙女與美少年們，想辦法將他們納為己有。不過通常以失敗告終，這時潘恩就會以自慰行為來安撫自己，絲毫沒有身為神祇應有的風範。潘恩其中一則失戀故事的女主角，則是阿卡迪亞的仙女，西琳克絲

（Syrinx）。

某天，被潘恩追著跑的西琳克絲拚死逃到拉冬河畔（Ladon），自知已無路可逃後遂變身成蘆葦。事已至此仍不死心的潘恩，聽到隨風擺盪發出聲響的蘆葦而突發奇想，以蘆葦製成一組笛子。

這是將數根長短不一的笛子固定起來的樂器，**被稱為「排笛（Panpipes，潘笛）」又名「西琳克絲」。**

附帶一提，潘恩將所製的第一支笛子放入艾菲索斯（Ephesus）的洞窟內，相傳將純潔處女關在此處時，就會聽到西琳克絲的聲音，洞門隨之開啟，頭戴松葉花環的少女將會從中現身。相對於此的則是，將謊稱自己為處女的女性關入洞窟內時，就會聽到裡面傳來尖叫聲，女性從此消失無蹤的駭人傳說。

小小年紀就逗得眾神樂開懷的潘恩，與女性之間的戀情幾乎都以所謂的悲戀告終。性好漁色卻被女性討厭的潘恩，是一位有點可憐，卻又會做出不入流行為的神祇。

小知識

潘恩尚有其他戀愛相關的悲劇。曾愛上森林仙女愛可（Echo）的潘恩因遭到拒絕，憤而施法令牧羊人發瘋，並將愛可大卸八塊，只剩下「回音」（Echo）現象仍不斷迴盪。

事件FILE 31

「精力無敵頑強」憑空生出孩子的赫菲斯托斯

【赫菲斯托斯 Hephaestus】

火神與鍛造之神，能隨心所欲打造出任何物件。相傳為宙斯與赫拉的孩子，但天生跛腳，容貌醜陋導致赫拉在氣惱之下將其丟入海裡，後來在海中洞窟由海洋女神撫養長大。為奧林帕斯十二主神之一。

赫菲斯托斯為希臘的火神與鍛造之神，**手藝卓絕不凡，相傳奧林帕斯眾神的宮殿皆由其一手打造。**

然而，甫一出生就因為相貌醜陋而讓母親赫拉大失所望，並將其丟入海裡。日後，赫菲斯托斯迎娶美麗動人的女神阿芙蘿黛蒂為妻，但阿芙蘿黛蒂每每趁祂不在時偷會情夫，因此有相當多關於赫菲斯托斯的狗血故事，或許該說是有點令人同情的事件。

面對這些殘忍的對待，赫菲斯托斯發揮自身高超的造物技藝，對赫拉和阿芙蘿黛蒂展開「窮追猛打」式的報復。然而，最令人悲嘆的是，赫菲斯托斯從未被女性愛過，戀情也不曾

開花結果。

某天，女神雅典娜為了委託赫菲斯托斯製作武器而前來拜訪。由於赫菲斯托斯為阿基里斯等英雄打造了無數精美耐用的武器，雅典娜自然也希望能擁有這樣的好物。

然而，此時正值赫菲斯托斯與阿芙蘿黛蒂關係降到冰點的時期，甚至隨時都有可能被拋棄。因此，見到雅典娜的赫菲斯托斯遂精蟲衝腦地追著她跑。

赫菲斯托斯雖天生跛腳，不知為何卻有辦法抓住落荒而逃的雅典娜，並準備大逞獸慾，不過雅典娜不虧為戰爭女神，全力抵抗到底。就在彼此拉扯的過程中，赫菲斯托斯的精液居然噴到雅典娜腳上。

氣到花容失色的雅典娜一臉「真是下

流」的嫌惡樣，以羊毛擦掉精液並往外扔到地上。令人驚訝的是，大地居然因此受孕，並生下厄里克托尼俄斯（Erichthonius）。**厄里克托尼俄斯意為「羊毛與大地所生之子」**，不過由於精液是因為噴濺到雅典娜才誕下孩子的，就這層意義而言，也可視為雅典娜之子。

話說回來，赫菲斯托斯精液的生命力真是強到嚇死人。除了雅典娜之外，他還曾愛上帕萊蒙（Palaimon）、阿爾達羅斯、佩里佩忒斯（Periphetes）等對象，但總是吃閉門羹，只能黯然流下精液。然後就會有孩子從這些失戀精液中誕生，不禁令人訝異其精液究竟有多頑強。

雖然精力超群，但在感情上永遠無法稱心如意的赫菲斯托斯，可說是一位有點悲哀，又令人忍不住噗哧一笑的天神。

處女神之子的成長

話說，從噴濺到雅典娜的精液中呱呱墜地的厄里克托尼俄斯，之後由雅典娜收養，並被裝入箱中交給凱克洛普斯（Kekrops）的三位女兒看管。

凱克洛普斯為雅典的首任君王，誕生自大地，外貌為半人半蛇狀。雅典娜交付箱子時曾叮囑「不得探看內容物」，不過人的天性就是愈被交代「不准打開」就會愈發好奇而忍不住動手。

如同浦島太郎的寶盒、潘多拉的盒子般，故事總是隨著箱子被打開而有所推展。這三名女兒中的其中一位恪守雅典娜的命令，另一位名叫阿格勞若絲（Aglauros）的則稱其他兩位是膽小鬼，擅自打開箱子。

這才赫然發現箱內裝著一名嬰兒與一條蛇。相傳因箱子被打開而震怒的雅典娜，令此三姊妹發瘋，逼得她們跳崖自盡。

之後厄里克托尼俄斯便由雅典娜帶大，後來他建設了雅典娜神殿，並成為雅典君王。

赫菲斯托斯在戀愛方面是一位出盡洋相的神祇，卻激發處女神雅典娜的母性為其帶來令人疼惜的小生命，就這一點來看或許雅典娜還該感謝祂呢。

小知識 厄里克托尼俄斯盡得父親赫菲斯托斯的真傳，發明了駟馬戰車。星座「御夫座」便以厄里克托尼俄斯為形象。

事件FILE 32

被「沒有人」蒙騙的庫克洛普斯

【庫克洛普斯 Cyclops】

在赫菲斯托斯的工坊工作，擁有卓越打鐵技術的獨眼巨人。荷馬在『奧德賽』中將其描寫成嗜吃旅人，既野蠻又粗暴的巨人種族。

在希臘神話中，奧德修斯的故事相當有人氣。奧德修斯為特洛伊戰爭的英雄，卻因為觸怒海神波賽頓而遲遲無法歸國。描述他在這段期間所發生的一連串冒險故事的，則是荷馬名著《奧德賽》。這是荷馬名著中與《伊利亞特》齊名的巨作。

某天，奧德修斯出航前往獨眼巨人族庫克洛普斯們所居住的國度，並已接近目的地。庫克洛普斯指的是，只有一隻眼睛長相駭人，生性野蠻又兇殘，而且還會吃人的巨人種族。簡直媲美《進擊的巨人》。

抵達庫克洛普斯居住地的奧德修斯，帶著十二名下屬進入海邊附近的洞穴裡。然而這座洞穴卻是波賽頓之子，亦為獨眼食人巨人庫克洛普斯成員的波呂斐摩斯所有。

其實波呂斐摩斯在這之前曾聽聞預言者告知「自己將會被奧德修斯弄瞎」，因此早已對這號人物有所提防。不知對方將自己視為死敵而誤闖洞穴的奧德修斯，其命運只能以岌岌可危來形容。

毫無戒心的奧德修斯一行人，生火宰殺羔羊就地開起宴會，波呂斐摩斯卻在此時回到洞穴。他將自己帶出門的所有羊隻皆趕入洞內，並以巨大岩石擋住入口。接著他發現了奧德修斯一行人，立刻不由分說地吃掉二、三人。

眼見情勢不妙的奧德修斯，邀請波呂斐摩斯品嘗阿波羅祭司馬隆（Maron）所贈的葡萄酒，波呂斐摩斯大喜連喝好幾杯，並請奧德修斯報上名來。奧德修斯不假思索地回答：**「烏提斯（意指沒有人）」**。

波呂斐摩斯最後喝得酩酊大醉，奧德修斯見他已沉沉入睡後，將棍棒磨尖以火炙烤，往他唯一的一隻眼睛戳下去，並搗個稀巴爛。

波呂斐摩斯瘋狂咆哮，其他的庫克洛普斯們紛紛趕到，連忙詢問「是誰幹的好事？」波呂斐摩斯哀號「烏提斯（沒有人）」。

普克洛普斯們聞言以為波呂斐摩斯的傷勢不是遭人突襲，而是自己不小心造成的，遂魚貫離去，奧德修斯一行人才得以逃過一劫。

奧德修斯的逃出敵營大作戰

翌日，眼睛被戳瞎的波呂斐摩斯為了放牧洞穴裡的羊，而移開了擋住入口的岩石。於此之際，他站在入口謹慎地伸手觸摸羊群，以防躲在洞內的奧德修斯一行人趁機逃跑。

而奧德修斯一行人則以繩索綁住三隻公羊，並躲藏在體型較大的羊隻腹部下，成功隨著羊群來到外面。接著順利搭上船的奧德修斯，拉開嗓門大聲地告訴波呂斐摩斯「我不叫烏提斯，而是奧德修斯」。

聽到這句話的波呂斐摩斯，才知自己是被預言所說的男人弄瞎的，憤而掄起岩石往船隻砸過去，船隻勉強躲過岩石攻擊，奧德修斯總算順利逃出巨人國。

這件事不但讓波呂斐摩斯氣到跳腳，他的父親波賽頓亦相當憤慨。從此以後，更是加深了波賽頓對奧德修斯的怨恨。

早已知曉預言的波呂斐摩斯，卻將「沒有人」這種荒謬的名字信以為真，而導致大禍臨頭，預言成真，真是個粗心大意的巨人。

小知識 波呂斐摩斯為波賽頓的孩子，同為波賽頓之子的巨人阿洛伊代（Aloadai）也曾對赫拉與阿緹蜜絲示好、企圖與神單挑等等。波賽頓的孩子往往都是怪物、野蠻人、馬等性格殘暴之流。

事件FILE 33

「預言成真」無意間殺害祖父的英雄

珀爾修斯

【珀爾修斯 Perseus】

希臘神話英雄。為阿爾戈斯公主達那厄（Danae）與宙斯所生之子，但一出生就連同母親被裝入箱中，流放大海。長大成人後取下梅杜莎首級、從怪物手中拯救公主安德洛美達（Andromeda）等，留下許多英雄事蹟。

在希臘神話中，很多人因為害怕自己會如神諭所言「死於即將出生的孩子之手」，而想盡各種辦法避免這樣的情況發生，但絕大多數都逃不過既定的命運。這只能**以神諭威力非同小可來形容**，而英雄珀爾修斯也面臨了同樣的處境。

珀爾修斯的祖父是名為阿克里西俄斯（Acrisius）的君王，他因為害怕「自己會被女兒達那厄所生之子殺死」的神諭成真，而將達那厄幽禁起來，但眾神之王宙斯卻使其懷孕，因此阿克里西俄斯便將女兒與剛出生的孫子裝箱流放大海。祖孫相隔十萬八千里，彼此倒也相安無事。

時光流逝，長大後的珀爾修斯打敗戈爾貢的梅杜莎，並扛著一只裝著其首級的袋子飛翔在空中，前往塞里福斯島（Serifos）。途中，他發現一名美麗的女子被綁在海邊的岩石上。對此花容月貌一見鍾情的珀爾修斯降落至地面，詢問「為何妳會被綑綁於此呢？」

被鎖鏈困住的安德洛美達告訴珀爾修斯，母親卡西歐佩亞（Cassiopeia）驕傲地認為「自己比住在海裡的女神涅瑞伊得絲（Nereides）們還美」，因而惹怒眾女神，而成為一連串事件的開端。

從涅瑞伊得絲們口中聽聞此事而震怒的海洋統治者波賽頓，遂引發洪水氾濫，令整片國土泡在水裡，並宣告「要終結這場災難，就得把你們的女兒獻給怪物」。

換句話說，衣索比亞王克甫斯（Cepheus）與王后卡西歐佩亞，被迫交出女兒進行活人獻祭，只得乖乖照辦將女兒安德洛美達綑綁於岩石上。得知原委的珀爾修斯遂自告奮勇地對克甫斯王表示：

「若你願意將安德洛美達許配予我為妻，我必當制伏這隻怪物。」

珀爾修斯乃宙斯所生的英雄，因此克甫斯根本沒有拒絕這項提議的理由。這對夫妻不但同意這項條件，甚至還承諾交出領土與財產，懇請珀爾修斯收服怪物。

珀爾修斯與海怪刻托斯（Ketos）雙雙飛上天展開捉對廝殺，珀爾修斯數度揮劍刺中刻托斯，成功地撂倒海怪。這件事是珀爾修斯生涯中僅次於擊敗梅杜莎的重大戰功。

英雄也躲不過的神諭

克甫斯與卡西歐佩亞大為歡喜，不但對女婿珀爾修斯充滿敬意，甚至還誇他是一家的支柱、天下的救世主。

安德洛美達亦恢復自由，兩人共結連理，但珀爾修斯並未接收岳父的領土。然而，對這件婚事感到不滿的則是安德洛美達的前未婚夫菲紐斯。

菲紐斯對珀爾修斯擅自奪走自己的未婚妻一事感到憤怒，並對其發動攻擊。不過珀爾修斯從袋中取出梅杜莎的首級應戰，將所有進攻過來的敵手變成石頭。

這些人的下場頗為悲慘，但若不是珀爾修斯出面，菲紐斯的未婚妻早已命喪怪物之口，說起來或許應該心存感謝才對。

順利抱得美人歸的珀爾修斯，在塞里福斯島救出母親後，便回到出生地阿爾戈斯。然而，祖父阿克里西俄斯因對神諭深信不疑，早已逃往別處。

可是就在某天，珀爾修斯參加競技賽並擲出鐵餅時，居然擊中偶然來觀賽的阿克里西俄斯，導致他當場斃命。

結果，神諭的內容終究成真，**但對自己殺死祖父一事感到懊悔不已的珀爾修斯，並未繼承祖父的王位，而成為提林斯（Tiryns）王。**無論是神祇、君王或英雄，要躲過神諭的預言皆難如登天。

小知識

根據荷馬的描述，涅瑞伊得絲是被暱稱為「海之老人」的海神涅柔斯（Nereus）與多麗絲（Doris）所生的女兒之統稱，在荷馬的想像中她們是一群住在海底宮殿，唱歌跳舞的美女。簡直媲美日本傳說中的「龍宮城」呢。

事件FILE 34

以「模稜兩可的說法」混淆大眾視聽的神諭

【培冬 Python】

為蓋亞（大地女神）之子，負責把守德爾菲神諭所的巨蟒。培冬自身也收到自己將會死於勒托孩子之手的神諭，日後亦真如預言所料遭勒托之子阿波羅殺害。

雄偉群山環繞的**德爾菲阿波羅神殿，因能求得靈驗神諭，被視為古希臘世界中最重要的聖地。**

將軍們於出征之際，會前來請示戰略或出航日程，以求軍隊能一舉打勝仗。此外，老百姓們也會在面臨某些狀況時，藉由神諭來決定該做什麼或不宜做些什麼。

而這座神殿的誕生，則與宙斯囑咐阿波羅「前去德爾菲，成為神諭所之主」有關。不過阿波羅並未立刻聽命照辦，而是在許珀耳玻瑞亞人（Hyperboreios，意指極北之地的人們）之處大約待了一年後，才終於動身前往德爾菲。

在阿波羅於德爾菲落腳之前，其實此地已經有神諭所，由大地女神蓋亞主事。蓋亞命令培冬這條巨蟒看守神諭所，但阿波羅射殺此蟒，將神諭所據為己有。

補充說明一下，實際在德爾菲發出神諭的並非阿波羅本尊，而是由巫女皮媞亞（Pythian）坐在三腳架上，喃喃說著費解的字句來進行的。而這些字句則被認為是預言之神阿波羅所說的話。

至於為何皮媞亞能說出這些類似預言的話語，據說是透過從地底湧出的泉水與天然氣，達成一種神遊狀態所致的，不過詳情仍舊是個謎。

總而言之，可以確定的是，人們深信德爾菲的神諭就是「能預言凡人註定躲不過的命運」。

可是問題就在於，德爾菲的神諭並非以明確的字句來表達，用詞往往曖昧不明，因此聽者有時會解讀錯誤而會錯意。

搞錯神諭旨意的大帝國之王

誤解神諭之意而導致重大失誤的則是呂底亞末代國王克洛伊索斯（Croesus）。

克洛伊索斯以家財萬貫而聞名，英文甚至以其名作為大富豪的代名詞，意即「克洛伊索斯＝有錢人」。

而威脅到克洛伊斯索斯王座的人，則是不斷擴張勢力的波斯帝國國王居魯士二世（Cyrus II）。在這個出戰前請示神諭被視為理所當然的時代，克洛伊索斯亦前往德爾菲與安菲阿拉俄斯（Amphiaraus）神諭所請求指點。德爾菲神諭所則是維持一貫的曖昧風格。

「若與波斯交戰，帝國將會滅亡。」

克洛伊索斯聽到這句話，誤以為帝國＝波斯帝國。換言之，這讓他兀自歡喜，以為與波斯交戰，自己的國家能獲勝。然而實際上，神諭所說的帝國指的是克洛伊索斯所統治的國度。

克洛伊索斯接著仍連連失誤。他進獻高價供品給德爾菲神諭所，並詢問該拉攏哪一國才能確實獲得勝利。

神諭的答覆為「希臘最強之國」。

當時希臘最強之國為雅典，克洛伊索斯卻誤以為是斯巴達，而違背神諭內容與斯巴達結為同盟。

完全沒察覺這些錯誤，信誓旦旦地認定自己已獲得德爾菲神諭的保證，而感到勝券在握的克洛伊索斯，遂向波斯帝國宣戰，卻迎來慘敗的結局。**克洛伊索斯淪為俘虜，而成為歷史悠久的大帝國最後一位君王。**

站在克洛伊索斯的立場來看，相信他應該會覺得懊惱，如果神諭能再說得更直接淺白一點，也就不會輸掉這場戰爭了。

小知識

阿波羅還有其他稱號，像是波伊波斯（Phoibos，光彩奪目者）、洛克希亞斯（Loxias，性格乖僻者）等。至於為何會被稱為性格乖僻，正是因為神諭內容太過難懂又模稜兩可的緣故。

事件FILE 35

「逞兇鬥惡的軍神」連凡人都打不贏的

阿瑞斯

【阿瑞斯 Ares】

希臘軍神，為宙斯與赫拉之子。極度熱愛戰鬥，性格凶暴，有勇無謀。喜歡在戰場上引發殺戮與流血事件，而非單純熱衷打仗。經常與人類交戰但多半敗北，為奧林帕斯十二主神之一。

軍神一詞代表掌管軍事、戰爭、戰略之神，往往令人覺得所向無敵。然而，希臘神話中的軍神阿瑞斯，就連與凡人交戰也經常輸到底，是一位頗沒出息的神祇。

阿瑞斯為宙斯與赫拉之子，也是奧林帕斯十二主神之一，照理說是一位出身正統的神祇。同為戰爭之神的雅典娜，被譽為善於擬定戰略為戰爭帶來勝利，相對於此，阿瑞斯則被評為專門在戰場上撒野搞破壞，只愛廝殺鬥爭，是位凶殘又毫無計謀的暴戾之神。

雖說阿瑞斯既殘忍又粗暴，**但卻經常打敗仗**，完全跌破大家的眼鏡。

阿瑞斯有個名叫庫克諾斯（Cycnus）的孩子。庫克諾斯是名盜賊，殺害了許多帶著供品

前往阿波羅聖地德爾菲參拜的朝聖者們。

對此大為震怒的阿波羅命令英雄海克力斯懲治庫克諾斯，但此時前來為庫克洛斯助陣的則是生父阿瑞斯。

阿瑞斯不但沒有訓斥當盜賊為非作歹的兒子，反而還來湊一腳，只能說祂純粹愛極了殺戮與戰鬥這件事。

庫克洛斯與阿瑞斯這對父子檔聯手攻擊海克力斯，不過海克力斯先是殺死庫克洛斯，並借助雅典娜之力，重擊了阿瑞斯的左腿。

受重傷的阿瑞斯別無他法只得逃回奧林帕斯。

其他像是，阿洛伊代（奧托斯Otos與厄菲阿爾特斯Ephialtes兩名巨人）飛上天界與諸神交手之際，阿瑞斯也是敗下陣來，被五花大綁關在青銅甕中長達十三個月的時間。後來赫爾墨斯出面，才終於把祂救出來。由此可知，阿瑞斯雖貴為軍神，卻可說是一位相當靠不住的神祇。

向父母哭訴委屈的軍神

後來在特洛伊戰爭時，阿瑞斯與英雄狄俄墨德斯（Diomedes）對打，結果也是重傷慘敗。

阿瑞斯參與特洛伊戰爭時，曾被女神雅典娜譏諷為「牆頭草」。原因在於，阿瑞斯最初表態支持進攻特洛伊的阿爾戈斯軍，可是實際上卻加入特洛伊陣營，殺死壯士佩里法斯（Periphas）等人。

對阿瑞斯這種見風轉舵的態度感到火大的雅典娜，遂命令狄俄墨德斯討伐阿瑞斯。頭戴隱形帽的雅典娜與狄俄墨德斯一同搭上戰車，並囑咐道：

「阿瑞斯一點都不可怕。駕車朝著他衝過去，等接近他時再一刀刺下即可。阿瑞斯之流的殘暴狂徒根本不值得畏懼。」

殺害佩里法斯的阿瑞斯正忙著卸下亡者身穿的鎧甲護具，而狄俄墨德斯聽完雅典娜所言後，便駕車朝著阿瑞斯衝去。察覺來者不善的阿瑞斯拿起長槍刺向狄俄墨德斯，卻落了個空，反遭狄俄墨德斯以長槍刺中下腹。痛不欲生的阿瑞斯發出不亞於一萬名戰士吶喊分貝的吼叫聲，再度夾著尾巴逃回奧林帕斯。

接著阿瑞斯向父親宙斯展示自己的傷勢，並控訴雅典娜的胡作非為。然而宙斯卻冷冷表示「少在那邊給我發牢騷」甚至刮了他一頓「你老是喜歡爭執、戰爭、打架這種事。住在奧林帕斯的諸神當中，就屬你最惹我厭。」

而且還再補上一槍「若非我的孩子，早就把你踹到冥界深淵去了。」說得阿瑞斯完全無地自容。

奧林帕斯諸神雖然也是花招百出，像是愛偷腥、善妒等等，但皆具備知性以及對人類的溫情。**只有阿瑞斯被描寫成放蕩不羈的惡棍。**或許這也是希臘神話的趣味之一。

小知識

阿瑞斯是世界第一起審判案的被告。波賽頓之子哈利洛提俄斯（Halirrhothius）因玷汙了阿瑞斯之女阿爾基佩（Alcippe），而遭到阿瑞斯爆打致死，但因為情堪憫恕而獲判無罪。此審判地點後被稱為「阿瑞斯之丘」。

事件FILE 36

「英雄傳說的光與影」粗心大意無極限的海克力斯

海克力斯被譽為希臘神話中「最偉大的英雄」。母親為邁錫尼王埃勒克特律翁之女阿爾克美娜，愛上阿爾克美娜的宙斯則以近似詐欺的方式使其懷孕，而生下半神半人的海克力斯。

海克力斯從出生時便是個相當特別的孩子，卻因身分等同宙斯情婦所生之私生子，而深受赫拉妒恨，並遭受各式各樣的迫害。

首先，赫拉在海克力斯一出生時，便在他與弟弟伊菲克勒斯（Iphicles）的寢室放毒蛇攻擊。弟弟嚇到手足無措嚎啕大哭，但海克力斯徒手抓住這兩條蛇並把牠們活活捏死。

【歐律斯透斯 Eurystheus】

斯忒涅洛斯（Sthenelos）與妮基佩（Nikippe）之子，與海克力斯為親戚關係。但因畏懼海克力斯，而對其子孫懷有敵意。

赫拉的打壓還沒結束。長大後的海克力斯在基塞龍山制伏猛獅後，為了故鄉底比斯（Thebes）挺身而出與奧爾霍邁諾斯國（Orchomenos）交戰。海克力斯將敵軍打得落花流水並擊敗國王，要求其每年進獻底比斯兩百頭牛作為貢禮，立下豐碩戰果。

然而，海克力斯的活躍卻讓赫拉大感不快，不但令海克力斯發瘋，還使其親手殺了自己與蜜格拉所生的孩子。後來恢復神智的海克力斯前往德爾菲的神諭所，請示「該怎麼做才能彌補弒子大罪？」神諭如此回覆：

「在提林斯城住下，侍奉歐律斯透斯十二年，聽命行事，完成這些任務後就能獲得不死之身。」

海克力斯不斷受到歐律斯透斯的刁難，面臨一道又一道的難題。

1、斬殺棲息於尼米亞（Nemea）的獅子怪，並剝下獅子皮。

2、殲滅勒拿湖（Lerna）的西德拉（Hydra，水蛇）。

3、活捉棲息於克列尼亞（Ceryneian）長著金色鹿角的巨鹿。

4、生擒厄律曼托斯（Erymanthian）野豬。

5、在一天之內單獨將三十年來未曾打掃過的奧格亞斯（Augeas）畜舍清理乾淨。

6、擊斃斯廷法羅斯湖（Stymphalian）怪鳥。

7、帶走米諾斯王（Mions）所擁有的克里特（Crete）公牛。

8、帶回色雷斯的狄俄墨德斯王所飼養的食人母馬。

9、帶回亞馬遜女王希波呂忒的腰帶。

10、帶回住在厄律堤亞（Erytheia）的怪物格律翁所飼養的牛群

11、從凡人無法進入的赫斯佩里絲（Hesperis）樂園內摘下金蘋果。

12、帶回冥界的守門犬克爾柏洛斯（Cerberus）。

這些任務被稱之為海克力斯的十二項偉業。海克力斯不但出色地完成使命，亦順利恢復自由身。

海克力斯的粗心大意

時年十八歲的海克力斯為狩獵棲息於基塞龍山的巨獅而動身前往此地。這頭獅子吃掉忒斯庇亞王國（Thespiae）忒斯庇俄斯（Thespios）王的牛隻，為了將牠捉下，海克力斯於國王宮殿紮營進行了為期五十天的追捕行動。

國王有五十名女兒，他熱切盼望能擁有繼承海克力斯勇猛血統的孫子，因此在狩獵期間，每晚都派出一名女兒來到海克力斯的寢殿。然而，**海克力斯居然沒發現其中差異，以為每天都是與同一名女子溫存，而與國王的所有女兒發生關係。**

接著據說所有人皆有孕在身，海克力斯就在不知情的情況下成為五十名孩子的父親。這真是一段會令人忍不住吐槽「真的嗎？」的狗血情節。

小知識 海克力斯在各地大展身手，並成為人們崇拜的對象。比方說因「真理之口」而馳名的羅馬希臘聖母堂地下，至今仍留存著古代海克力斯神殿遺跡。

事件FILE 37

「喝酒惹事亂撒野」在喜宴上酩酊大醉的半人馬族

【肯陶洛斯 Centauros】

上半身為人，腰部以下為馬的半人半獸族。是一支住在色薩利山的野蠻種族，酒品很差，相當好色，喝醉時會對女性胡來，因此經常引發糾紛。

在人類的世界裡，有些人一喝酒就會忘了我是誰地胡搞瞎搞。大多數人在酒醒後，會對自己的所作所為感到羞愧。而且有時候，在酒席間所做出的性騷擾或職權騷擾行為，持續發酵演變成致命傷的情況也不在少數，這在希臘神話的世界亦然。

本篇所介紹的事件則是由肯陶洛斯這種下半身為馬、上半身為人的半人半獸族所引起的。這個種族中也有像凱隆般文武雙全，負責教育許多英雄的佼佼者，但大部分皆棲息於山野或森林，是眾所公認的野蠻凶暴種族。

某天，色薩利的拉庇特斯族（Lapithai）之王，亦為宙斯與迪亞（Dia，伊克西翁Ixion之

妻）之子的皮瑞蘇斯（Pirithous），與希波達彌亞（Hippodamia）舉辦婚宴，沒想到居然邀請了半人馬族與會。

在這種提供酒水的宴會，招待酒品很差，而且凶暴蠻橫的客人是無比危險的一件事。然而，完全沒考慮後果的皮瑞蘇斯，根本不將此事放在心上，照樣大開筵席。

當天有許多VIP參與這場宴會，或許是酒意使然又或是借酒裝瘋，半人馬族的歐律提翁（Eurytion）見到美麗的新娘因而獸性大發。

醉醺醺的歐律提翁掀翻餐桌，大搖大擺地擾亂宴席，而且名目張膽地拉扯新娘的秀髮，打算強行將人擄走。其他半人馬族們也紛紛仿效，抓住距離自己最近的女性準備帶走，原本喜洋洋的宴席遂陷入一片混亂裡。看不過此情況的多利安族（Dorians）英雄忒修斯（Theseus，皮瑞蘇斯好友）出言歸勸道：

「歐律提翁啊，你是哪根筋不對勁竟敢如此膽大妄為呢。由我在此坐鎮，居然還惹怒皮瑞蘇斯。你要知道，汙辱皮瑞蘇斯，就等於汙辱了我。」

然而，喝醉酒便開始發酒瘋的半人馬族們，根本聽不進這番義正辭嚴的警告。歐律提翁甚至還衝過來想痛扁忒修斯，整場宴會演變成大亂鬥、互相殘殺的修羅場。

不死之身的英雄登場

在這場雙方人馬持續械鬥中登場的則是皮瑞蘇斯的子民，拉庇特斯族的英雄卡紐斯（Caeneus）。卡紐斯是擁有不死之身的男子，他當場制伏斯杜佩羅斯、普羅摩斯、安提馬可斯、埃琉摩斯、斐拉庫摩斯這五位半人馬族作為血祭牲口，並與凶殘的拉托勒烏斯交手。

拉托勒烏斯持劍突襲卡紐斯，不過卡紐斯乃不死之身，完全刀槍不入。慌了手腳的半人馬族們仍舊想方設法打倒勁敵，不斷對著卡紐斯丟擲冷杉樹，並將他埋了起來。

半人馬族與拉庇特斯族後來仍持續纏鬥，**最終半人馬族落敗，被趕出色薩利。**

話說回來，喝醉酒便搞破壞，對女性伸出鹹豬手引發大騷動，可說是最不入流的行為。半人馬族除了這樁醜聞外，還曾意圖染指海克力斯之妻而遭到射殺。像他們這樣好色又沒規矩者，只會淪為眾矢之的，為世人所厭惡。

總而言之，凡人也好，半獸族也罷，千萬得注意莫因醉酒而誤事。

小知識

皮瑞蘇斯在妻子身故後，因聽從神諭決定續弦迎娶宙斯之女波瑟芬妮，而與死黨忒修斯前往冥界叩關，但遭黑帝斯逼迫坐上忘卻之椅，再也無法回到人間。

神祇・英雄介紹 6

【肯陶洛斯】

上半身為人，下半身為馬的種族，具有人類的手臂與馬的四肢，共有六隻手腳。相傳半人馬族是在伊克西翁愛上赫拉時，宙斯變出神似赫拉的雲朵與伊克西翁纏綿所生下的。本書所介紹的半人馬族歐律提翁最後則被英雄海克力斯所制伏。

野蠻、粗暴者的形象深植人心的半人馬族，也有像凱隆般個性溫和又備受尊敬的人物。

只有凱隆與弗洛斯（Pholus）的出身與其他族人不同。凱隆為克洛諾斯與仙女費莉拉（Philyra）之子，乃不死之身。凱隆長於醫術、箭術、馬術等各種技藝，亦負責阿基里斯、阿斯克勒庇俄斯等許多英雄的養育與教育任務。

弗洛斯亦非野蠻之輩。海克力斯在前往捉拿厄律曼托斯山豬的途中，受到弗洛斯的盛情款待。

然而，德高望重的凱隆卻中了海克力斯誤射的毒箭，又因為不死之身得永遠承受中毒之苦。後來因太過痛苦而求死解脫，並將不死神力讓給普羅米修斯後身亡。射手座就是以凱隆形象作為標誌的。

弗洛斯則是為凱隆拔掉遺體上的海克力斯毒箭並拿在手裡端詳一番時，不慎傷了自己而一命嗚呼。弗洛斯的遺體則由海克力斯加以安葬。

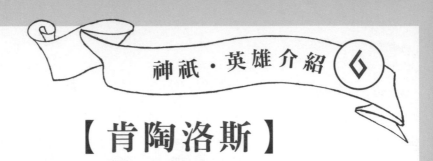

第7章

陰溝裡翻船

事件簿

事件FILE 38

因「女神的失誤」而存有唯一弱點的英雄

阿基里斯

阿基里斯是在希臘神話中留下眾多傳說的英雄之一。雖是凡人卻具有不死之軀，像是在特洛伊戰爭僅憑一己之力便扭轉戰況等，驍勇善戰，力克強敵。**但不死之軀的唯一弱點腳踝**，卻被帕里斯以箭射穿，因而一命嗚呼。

也因為這個典故，後來便衍生出「瞄準對方的阿基里斯腱（唯一的弱點）」這句慣用語。話說回來，原本應該是不死之身的阿基里斯，為何會具有這樣的弱點呢。這件事其實與他的母親，海洋女神忒提絲的粗心大意有關。

忒提絲是俗稱海之老人的海神涅柔斯與多麗絲的其中一位女兒，由宙斯之妻赫拉撫養長

【阿基里斯 Achilles】

弗提亞王（Phthia）佩琉斯與海洋女神忒提絲之子，為荷馬敘事詩《伊利亞特》主人公，亦是擁有眾多傳說的希臘英雄之一。心地善良，發怒時相當凶暴。

大。宙斯與波賽頓皆夢想與忒提絲結為連理，但聽聞「忒提絲所生下的孩子，會比父親更偉大」的預言後，便打消了念頭。

最後，忒提絲與凡人佩琉斯成親。宙斯與諸神們皆歡喜真心地祝福這樁婚事，**但是神與人之間所生的孩子終究仍是難逃一死的凡人。**因此，忒提絲為了讓壽命有限的孩子轉化為不死之身，試遍了各種方法。

有一說指稱，忒提絲包含阿基里斯在內，總共生下七名孩子。祂用具有不死效力的神饌來為孩子擦拭身體，入夜後則將他們丟入火裡，以為這樣可以慢慢燒去身為凡人的肉體，淬鍊出金鋼不壞之軀。可是這些嘗試皆以失敗告終，六名孩子全被活活燒死。

只有阿基里斯在此過程中被父親佩琉斯

發現並加以阻止，才免於被燒死。依舊不死心的忒提絲將阿基里斯帶往冥府的斯堤克斯河（Styx），將他浸泡在河水裡，成功為其打造出不死之軀。在這個浸泡過程中，由於忒提絲是抓住阿基里斯的腳踝進行的，因此只有腳踝仍維持凡人的狀態。

看到這，讀者們可能會想對忒提絲說「既然有心要做就做得徹底一點嘛」，但忒提絲拚命要為孩子打造不死之軀的心意也頗令人動容，所以也無法過於苛責她的粗心大意。

從小受菁英教育長大的英雄

總而言之，阿基里斯雖非具有完整的不死之身，但確實也因此獲得超乎凡人的無敵肉體。這也是拜身為女神的母親所賜。

後來，忒提絲留下阿基里斯並離開了佩琉斯。阿基里斯的父親佩琉斯為了將他培養成卓越的男子漢，遂將他交給凱隆教導。

凱隆來自半人馬族，賢明正直，擅長音樂、醫術、狩獵、運動競技、預言術，因負責許多英雄幼年時期的教育而聞名。

日本戰國時代的武將們在年幼時也會被送到寺院，接受嚴格的教育。同樣地，阿基里斯也在凱隆這名優秀教師的嚴格指導下成長。凱隆不只教導阿基里斯武術，還紮實地傳授醫術、音樂、禮儀規範，以及對神祇應有的敬意等等。

在凱隆的用心調教下，阿基里斯並不只是萬夫莫敵而已（畢竟他不算是普通人類），在人格上亦無可挑剔，是配得上英雄這個頭銜的出色人物。

也因如此，忒提絲的粗心大意才更令人感到惋惜。另一方面，**可以說正因為阿基里斯擁有唯一的弱點，才會成為至今仍為人所津津樂道的英雄。**

小知識
斯堤克斯河是位於冥府的河川，就好比日本所說的三途川。即使貴為神祇，若以斯堤克斯河名義發誓，便不得違背誓言。倘若犯了這項大忌，會被禁止呼吸與飲食一年，而且九年不得與眾神有所交流。

事件FILE 30

「欺騙神祇」連死亡都不怕的君王

【黑帝斯 Hades】

死者之國統治者，與宙斯和波賽頓為兄弟。統管冥界與死者，被認為是絕不允許任何報到者重返陽間的恐怖冥神，但同時也是一位剛正不阿的神祇。擁有普魯托（Pluto，富者）、克呂墨諾斯（Klymenos，赫赫有名者）等別名。

神祇有時會對凡人做出一些殘忍的行為。然而俗世中似乎也有透過欺騙神來達到目的的凡人。

科林斯王薛西弗斯又名「人間最狡猾之人」。這個很不光彩的別稱，是來自他二度欺瞞希臘諸神，惹得大家勃然大怒所得的。

薛西弗斯的第一起騙神事件開端要從宙斯愛上河神阿索波斯之女愛琴娜，並且擅自將人擄走，恰好被薛西弗斯撞見，而拿此事向女兒被拐走的阿索波斯打小報告說起（事件FILE29）。

也因為這樣，阿索波斯憤而闖入宙斯與愛琴娜相好的寢殿咆哮，害宙斯顏面盡失。對此事懷恨在心的宙斯，遂派死神塔納托斯（Thanatos）緝拿薛西弗斯。

換句話說，這等於宣告薛西弗斯死亡，但狡詐的薛西弗斯怎可能乖乖就範。

塔納托斯帶著手銬前來，薛西弗斯便使出話術，央求塔納托斯來個手銬使用教學。塔納托斯一邊說明「就是這樣操作的」，一邊以自己的手腕進行示範，薛西弗斯見狀倏地鎖上手銬，反轉情勢，銬住塔納托斯。

塔納托斯是代表死亡的神祇，卻被銬在薛西弗斯家裡，因此任何人皆無法死去。不管是被斬首還是大卸八塊都一樣，誰都死不了，完全就是名符其實的要死不活狀態。

被將了一軍的宙斯於是派出擁有高超技藝的火與鍛造之神赫菲斯托斯，前往救出塔納托斯。接著塔納托斯終於將薛西弗斯送往冥界，也就是所謂的「賜死」。沒想到，都已經死到臨頭了，薛斯弗斯依然動起歪腦筋，打著壞主意。

欺騙眾神的責罰

薛西弗斯事前已交代妻子，即便自己身亡也絕對不能辦喪禮。移送冥界的薛西弗斯被拖到冥界之王黑帝斯跟前，但身上並未穿著壽衣。黑帝斯詢問理由，薛西弗斯答道：

「內人不肯幫我辦喪禮，所以我才沒壽衣穿。為了懲罰這個大逆不道的妻子，可否讓我暫時復生重返陽間呢？」

黑帝斯聞言亦對薛西弗斯之妻的悖倫行為感到氣憤，同時也對他起了惻隱之心。平常絕不可能讓已死之人返回陽間的黑帝斯，不知為何居然破例，同意讓薛斯弗斯暫返陽間。薛西弗斯的作戰計畫順利奏效。

更令人驚訝的是，薛西弗斯違背了短暫停留的承諾，之後再也沒回到冥界，從此賴在陽間不走。

結果，薛西弗斯還活到垂垂老矣，不過二度欺騙神祇的罪責實在太重，當他壽終正寢，再度前往冥界報到時，等待他的則是無比殘酷的命運。

犯了騙神重罪的薛西弗斯，必須接受將巨大岩石從山腳推往山頂的責罰。他聽從指示努力推動岩石，但抵達山頂的那一瞬間，岩石便滾落山底。薛西弗斯接著又將岩石推上山，但無論重複幾次，依舊是同樣的情況，**必須永遠承受推運岩石之苦。**

阿爾貝・卡繆（Albert Camus）曾寫下散文《薛西弗斯的神話》。這是以薛西弗斯的宿命，闡述不知何時會死，但仍努力活下去的人類宿命的作品。

違背承諾的確不可取，但薛斯弗斯為人類報了一箭之仇，惡整了平時總是隨心所欲把凡人耍得團團轉的神祇，相信有些人應該覺得挺痛快吧。

小知識

狡猾之神赫爾墨斯之子奧托呂科斯（Autolycus），亦繼承父親衣缽，是一名以詐騙和竊盜術聞名的人物。然而奧托呂科斯卻在偷走薛西弗斯牛隻時失手，可見薛西弗斯的狡詐程度更勝一籌。

事件FILE 40

「後悔莫及」中計接受贈禮的艾比米修斯

【艾比米修斯 Epimetheus】

名字之意為「後知後覺者」的男神，與充滿智慧的兄長普羅米修斯形成對比。潘朵拉的盒子講的就是起因於艾比米修斯的失誤所招致的災禍故事，完全應驗了其事後才想到「不妙」的特性。

「潘多拉的盒子」這句話，應該沒有人不曾聽過吧？

潘多拉的盒子經常被用來當作不能胡亂觸碰，或者是打開後可能發生什麼不祥之事的比喻。而這個盒子的由來可以追溯至希臘神話中。此事件的主角則是普羅米修斯的弟弟，艾比米修斯。

普羅米修斯具有先見之明，曾數度成功誆騙宙斯，相對於此，艾比米修斯則被稱為後知後覺男。換句話說，就是在事後才會察覺到「這可不妙！」的類型。

相信宙斯應該深諳艾比米修斯的個性吧。極度痛恨普羅米修斯的宙斯，為了報仇而以贈

禮的方式對艾比米修斯設下圈套。而宙斯所準備的圈套就是**人間最初的女性潘朵拉。**

宙斯命鍛造之神赫菲斯托斯以泥土和水捏出人形，再為其配上人類的聲音與氣力，容貌則模擬不死女神，塑造出宛如少女般惹人憐愛的嬌豔姿態。接著雅典娜和阿芙蘿黛蒂等女神也紛紛來湊一腳，將這個人偶妝點得無比美麗。

在眾神齊心協力打造之下，宛如女神般美得不可方物，優雅又充滿魅力，而且擅長手工藝的女性，潘朵拉就此誕生。

其名字則取自所有的（Pan）禮物（Dora）＝「集所有贈禮於一身的女子」之意。

話說回來，這也不由得令人想到，直接

將如此魅力四射的女性送給普羅米修斯不就好了？不過睿智又通曉謀略的普羅米修斯是不可能輕易收下宙斯贈禮的。

那該怎麼做呢？如同「賢兄愚弟」這句話所形容般，相較於普羅米修斯這位聰慧的哥哥，弟弟艾比米修斯則是事後才會發現「啊！完蛋了！」的糊塗蟲。

當然普羅米修斯早已事先提醒艾比米修斯「如果宙斯說要送你東西的話，千萬不能接受」。但艾比米修斯仍舊傻傻地中了宙斯的圈套。

藏在禁忌箱子裡的東西

艾比米修斯看到宙斯所贈的潘朵拉，被其美貌迷得神魂顛倒，完全將普羅米修斯的忠告拋一邊，興高采烈地接下這個禮物。對人類而言代表災難的首位女性就這樣來到人間。此時潘朵拉手裡拿著的就是**潘朵拉的盒子（事實上是一只甕）**。

浦島太郎的故事亦描述了被交代「不能打開」時，就會忍不住手癢的人類天性。潘朵拉也因為這句「不能打開」而明知故犯地打開箱子。於是，各種苦難、災禍便從箱中飛散到世間。就在潘朵拉慌忙關上盒蓋時，據說箱底只剩下希望（Elpis）。難道希望也是災禍嗎？

如同「人總是巴望著虛渺的希望活著」這句話般，在希臘經常將希望描寫成負面之物。

換言之，也可以想成，因為希望還留在箱中，**即使人類抱持著虛渺的希望，這份希冀也不至於完全轉變成災禍，偶爾也有可能實現。**

普羅米修斯為人類帶來了珍貴的禮物，但這份情深義重，也可說反而為人類帶來了災禍。

宙斯為了發洩被凡人奪走肉與火的怨恨之情，而透過潘朵拉將所有災禍，以及偶爾才會實現，大多無法如願的希望等棘手事物送到人世間。

小知識

艾比米修斯和潘朵拉的女兒皮拉（Pyrrha）與杜卡利翁（Deucalion）結為連理。宙斯為了創造新種族而引發洪水，意圖讓既有的人類滅亡，但這兩人聽從普羅米修斯的忠告，建造方舟而倖免於難，並成為人類始祖。

事件FILE 41

「遭夫報復的萬人迷」始終迷倒眾神的阿芙蘿黛蒂

【阿芙蘿黛蒂 Aphrodite】

美與愛之女神。相傳是從被克洛諾斯割下並丟入海裡的陽具所冒出的泡沫（aphros）裡誕生的。後與鍛造之神赫菲斯特斯成婚，但因厭惡夫婿而有許多情夫。為奧林帕斯十二主神之一。

如同「事件FILE01」所介紹的內容，阿芙蘿黛蒂誕生自克洛諾斯所割下的陽具。阿芙蘿黛蒂不愧擁有愛、美、豐饒女神的封號，性感又充滿魅力令所有男性神魂顛倒。男神們莫不瘋狂愛慕，垂涎三尺。

然而，**娶到阿芙蘿黛蒂的竟然是火與鍛造之神，跛腳又醜陋的赫菲斯托斯。**而促成這樁婚事的則是赫菲斯托斯的母親，也就是宙斯之妻赫拉。

赫拉因為不滿自己生出跛腳而且相貌醜陋的孩子，居然做出無比殘忍的行為，將嬰兒從奧林帕斯丟入海裡。但赫菲斯托斯非常幸運，遇到海洋女神忒提絲與歐律諾墨相救，並由祂

們扶養長大。

在這段期間，赫菲斯托斯練就一手造物好功夫，祂發揮這項本領，打造出一坐上去就會動彈不得的魔法椅。這把椅子是為了報復殘忍棄子的赫拉所製作的，收到椅子端坐其上的赫拉整個人瞬間被定住而無法脫身。

束手無策的眾神們只得將赫菲斯托斯帶來天界奧林帕斯，從椅子上救出赫拉。宙斯可能為了表達謝意，決定幫赫菲斯托斯娶妻，而這個人選居然偏偏是阿芙蘿黛蒂。

當然，對阿芙蘿黛蒂意亂情迷的男神們心裡肯定不是滋味，但比他們更氣憤的則是阿芙蘿黛蒂本人。

『美女與野獸』描述的是美女對野獸動了情的故事，但這場婚事卻是在當事人毫無意願的情況下強迫促成的。心有不甘的阿芙蘿黛蒂婚後不但不肯靠近醜陋的赫菲斯托斯半步，還成為偷情慣犯。

偷情對象則是熱愛逞凶鬥狠的軍神阿瑞斯。往往被形容為放蕩不羈的惡霸，而非有德神祇的阿瑞斯，雖野蠻又殘忍，但外型應該十分英挺帥氣。阿芙蘿黛蒂每每趁丈夫不在時，便將阿瑞斯帶進寢室，共赴巫山雲雨。

而發現這兩位有姦情的，則是照耀萬物的太陽神赫利俄斯。看不下去的赫利俄斯將此事告知赫菲斯托斯「你一直被人家戴綠帽耶」，而引燃了赫菲斯托斯的報復心。

對妻子紅杏出牆所做出的報復

相傳奧林帕斯的眾神神殿幾乎都由赫菲斯托斯一手打造，其技藝之精湛可見一般。製作武器對他來說也是小事一樁，因此要對付姦夫淫婦可謂易如反掌。赫菲斯托斯打造一張透明網鋪在床上設下陷阱，當兩人在床上纏綿時，便會被網子套牢而無法脫身。

毫不知情的阿芙蘿黛蒂一見到丈夫出門，便立刻將阿瑞斯叫來家裡，如同往常般地雙雙撲倒在床上，霎時中了赫菲斯托斯所設下的陷阱而動彈不得。

埋伏在附近的赫菲斯托斯忙不迭地趕往寢室，大聲呼喊眾神前來會合，並刻意讓眾神目睹兩人赤身裸體抱在一起的場面，藉此來發洩心頭的怨恨。

據說阿芙蘿黛蒂一恢復自由便羞得落荒而逃。這件事對眾人豔羨的美女阿芙蘿黛蒂而言，真可謂是生平一大醜事。

話說回來，阿芙蘿黛蒂的魅力並沒有因為這樣而消失，某神曾問另一位神：「若得承受那樣的羞辱，還會想跟阿芙蘿黛蒂睡嗎？」對方毫不猶豫地回答：「如果能跟阿芙蘿黛蒂睡的話，就算遭遇更丟臉的情況也無所謂。」

魅力四射的女性總是令男性為了一親芳澤而甘冒危險。

小知識

在此事件後，赫菲斯托斯向母親亦為主婚人的赫拉明白表示「這樣的妻子我雙手奉還」，並在波賽頓的仲裁下終止這場婚姻。阿瑞斯除了支付賠償金外，還被勒令閉門思過。

事件FILE 42

狠狠折磨宙斯引爆「致命危機」的最強勁敵

堤豐

【堤豐 Typhon】

巨型怪物。與上半身為女人下半身為蛇的怪物艾奇德娜交媾，生下克爾柏洛斯、奇美拉（Chimaira）、許德拉、斯庫拉（Scylla）等怪物。能力與宙斯勢均力敵，是希臘神話所出現的怪物當中，最龐大也最強大的角色。

宙斯被視為眾神之王。然而，在過去的爭戰中卻曾被攻擊到不良於行，陷入前所未有的絕境。對宙斯窮追猛打的，則是希臘神話中被喻為怪物之最的堤豐。

關於堤豐的出身有好幾種說法，有一說認為他是蓋亞與塔爾塔羅斯之子，另一說則指出他是從克洛諾斯送給赫拉的蛋中出生的。無論哪一說，**堤豐的出身皆與蓋亞的怒火有關**。這一切則起因於宙斯為了從父親克洛諾斯手中奪取統治權而發動戰爭，並**將蓋亞的孩子，也就是泰坦神族們關在冥界塔爾塔羅斯地獄的緣故**。

對恨之入骨的宙斯進行報復，就是蓋亞賦予堤豐的使命。

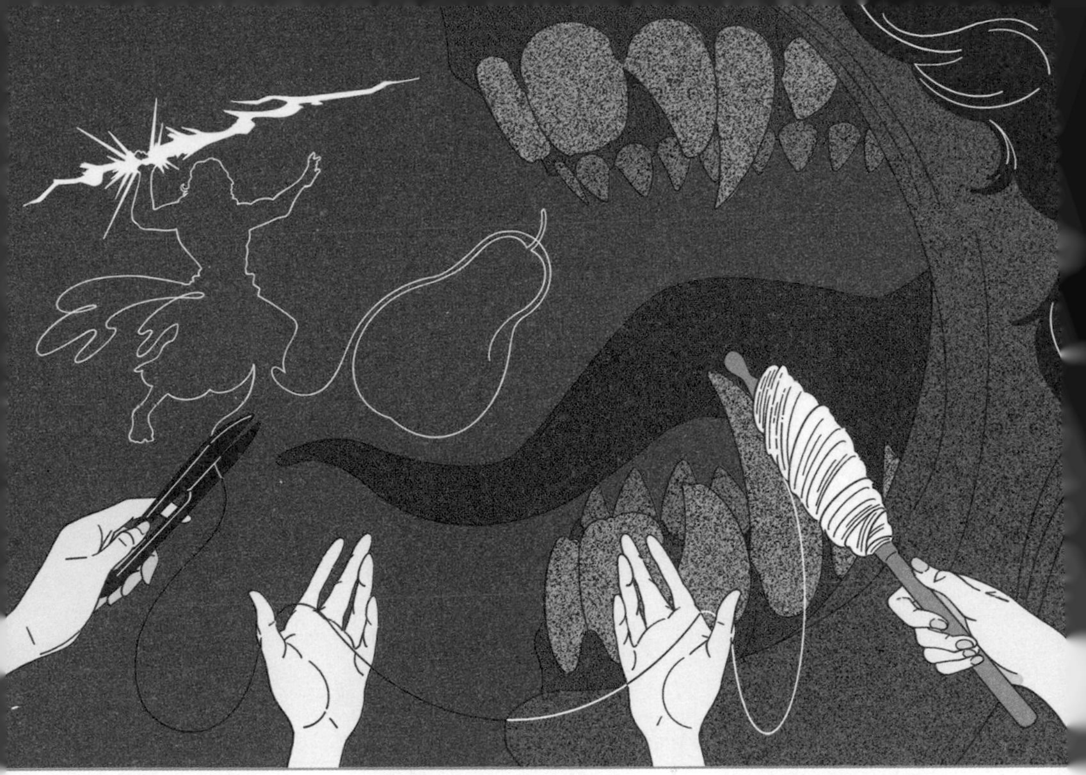

換言之，也可說是蓋亞為了對付宙斯所推出的終極武器。而堤豐的超強威力與巨大程度可謂所向無敵。

相傳堤豐站立時頭能頂天，展臂時，一手能碰到世界東端，另一手則直達西端。上半身為人，肩膀布滿百顆龍頭，下半身則有巨大毒蛇盤踞，全身長滿羽毛，是一隻外貌相當驚悚的怪物。

恐怖的堤豐從眼睛射出火來，一邊扔出著火的岩石，一邊朝著眾神生活的天界進逼，搞得眾神們也無法招架，紛紛變身成動物逃往埃及。

相傳也因此緣故，埃及神祇才會具有動物的外型。話說回來，就算有一大票神祇落跑，但身為眾神之王的宙斯可不能落荒而逃。宙斯英勇地對抗堤豐的攻擊，轟下雷霆，並以金剛鐮刀在堤豐身上砍出好幾道血口。可是後來卻反遭堤豐壓制，不但鐮刀被奪，連手筋腳筋都被抽走。

解救至高天神宙斯之諸神大作戰

堤豐將宙斯的手筋腳筋藏於熊皮下，並將無力反抗的宙斯關進洞穴內，命令龍女德爾菲妮（Delphyne）看守。堤豐為了治療自身的傷勢而前往面見蓋亞。宙斯可說是陷入絕境，其他神祇也同樣面臨著空前的危機。

意想不到的是，在這個關鍵時刻發揮機智大顯身手的，則是擅長說謊與偷竊的宙斯小兒子赫爾墨斯。赫爾墨斯偕同兒子潘恩聯手救出宙斯，還騙過龍女德爾菲妮，成功奪回宙斯的手筋與腳筋，總算讓宙斯重拾法力。

赫爾墨斯的負面才能，成為拯救宙斯與眾神脫離困境的利器。

恢復法力的宙斯立刻展開攻擊。對此最為震驚的，莫過於以為已箝制宙斯而高枕無憂的堤豐。遭宙斯追擊而處於劣勢的堤豐，遂威脅命運女神莫伊拉（Moira），迫其交出能實現任何願望的勝利之果。然而，**莫伊拉陽奉陰違地將願望絕對無法實現的無常之果交給堤豐，成功奪走堤豐的所有能力。**失去能力的堤豐在宙斯跟前敗下陣來，並被鎮壓在西西里島東端的埃特納山（Etna）下。

儘管堤豐插翅也難飛，但被壓制在埃特納山下的他依然囂張地持續噴火。據說因為這樣，埃特納山至今仍不斷發生噴發活動。

在這場爭鬥中獲得勝利的宙斯，證明了沒有任何力量能與自己相抗衡，並確保了不容撼動的地位。話說回來，宙斯的勝利其實是拜赫爾墨斯與莫伊拉的機靈所賜，否則還差點不保呢。

小知識 莫伊拉為希臘神話中的命運三女神。據說人類的壽命是由克洛托（Clotho）紡織生命線，拉克西絲（Lachesis）量測長度，阿特洛波絲（Atropos）剪線來決定的，而這項決定甚至連宙斯都無法干預。

事件FILE 43

為求妻子死而復生「活著前往死者之國」的奧菲斯

【奧菲斯 Orpheus】

傳奇詩人與音樂家，成功往返冥界，被認為是密教奧菲斯教的創始人。豎琴琴藝相傳為阿波羅所授，歌聲令野獸草木皆動容。逝世後，其豎琴則成為天琴座。

在日本，能自由穿梭陰陽兩界的知名人物為平安時代的貴族小野篁。某天小野篁在地獄輔佐閻魔大王辦案時，看見剛過世的同僚藤原良相被拘提至此，因而請求閻魔大王「此人是我的恩人，還請您放他一條生路」，成功讓藤原良相死而復生。

在希臘神話中，為了讓亡妻復生而前往冥界的則是奧菲斯。他被認為是在《伊利亞特》作者荷馬問世前最偉大的詩人與音樂家。

奧菲斯的父親相傳可能是河神奧阿格羅斯（Oeagrus）或阿波羅。而且，據說阿波羅還親賜奧菲斯豎琴，他將原本的七弦調整成九弦，發明出人類所演奏的第一把豎琴。

總而言之，奧菲斯擁有絕佳的歌唱與音樂天賦，其演奏與歌聲能讓森林鳥獸聽到陶醉而停止爭鬥，甚至連草木與岩石也深深著迷而紛紛靠攏，在在證明了奧菲斯的音樂造詣有多不同凡響。

才華洋溢的奧菲斯娶了仙女尤麗狄絲（Eurydice）為妻，而且打從心底深深地愛著妻子。

然而，就在某一天，阿波羅與昔蘭尼（Cyrene）之子阿里斯泰俄斯（Aristaeus）單方面地愛慕尤麗狄絲，意圖侵犯她，導致拔腿狂奔的尤麗狄絲在途中遭毒蛇咬死。

奧菲斯悲嘆「沒有尤麗狄絲，日子是要怎麼過」而決心前往冥界，想辦法讓亡妻死而復生。可是冥界乃死者之國，活人是無法進入的。

這是因為，冥界入口有一隻長著三個頭，尾巴為蛇狀，頸部布滿蛇頭，名為克爾柏洛斯的可怕守門犬把關的緣故。

然而，奧菲斯卻無所畏懼地演奏著豎琴踏入冥界。

絕對不能回頭看

聽到豎琴的優美音色，凶猛猙獰的克爾柏洛斯霎時不知攻擊為何物、伊克西翁的車輪停止轉動、坦塔羅斯忘了口渴這件事、薛西弗斯的岩石自動靜止、達那俄斯的女兒們則暫停汲水，恐怖的妖魔與各種執行中的刑罰皆停下動作，沉浸在悠揚的樂音裡。

奧菲斯便靠著這項才華，順利晉見冥界之王黑帝斯與王妃波瑟芬妮。奧菲斯在兩人面前悲嘆失去妻子的痛苦，懇切地唱出沒有妻子活不下去的心情。冥王夫妻大受感動，同意讓尤麗狄絲返回陽間。只不過唯獨必須遵守一項條件。

那就是，**奧菲斯在回到陽間之前，絕對不能回頭看。**若未遵守約定而回頭時，尤麗狄絲就必須回到冥界，再也不得返回陽間。

獲准帶回妻子的奧菲斯喜不自勝。只要確實遵守不回頭看的約定，就能讓愛妻死而復生，怎不叫人感到歡喜，他甚至覺得自己能輕鬆完成這項任務。

然而尤麗狄絲既入冥界已成鬼魂，既不會發出腳步聲，當然也不會說話。漫漫長路，又感受不到尤麗狄絲跟在自己後頭的聲息而覺得不安的奧菲斯，就在即將來到陽間之際，終究忍不住回頭探看。

就在那一瞬間，原本在奧菲斯身後的尤麗狄絲倏地消失無蹤，彼此再也無法相見。從此以後，奧菲斯完全不近女色，最後因得罪眾女子而被大卸八塊。

有句俗諺叫做「畫龍未點睛」，音樂才子奧修斯只差臨門一腳，卻未能堅持忍到最後，而導致一切功虧一簣。

小知識

為了再度帶回消失的妻子而返回冥界的奧菲斯，被把守冥府之河的船夫卡戎（Charon）攔下。死者們必須繳一塊歐布魯斯（obolus）幣當作過河費，若卡戎拒載，該對象便無法前往冥府。

事件FILE 44

「年輕氣盛」信誓旦旦打倒戈爾貢的英雄

【戈爾貢 Gorgon】

神人皆懼的三姊妹。為斯忒諾（Stheno）、歐律阿勒（Euryale）、梅杜莎的總稱。具有將觀者變成石頭的能力。三姊妹中只有梅杜莎非不死之身。

年輕是很美好的一件事。然而，因血氣方剛天不怕地不怕而必須面臨重大考驗的，則是希臘神話的英雄之一，珀爾修斯。

珀爾修斯的母親為阿克里西俄斯王之女達那厄。阿克里西俄斯因聽聞「自己會被達那厄所生之子殺死」的神諭，而將女兒關進青銅打造的房間，以防她與男性發生關係。

然而，宙斯卻在此時來攪局。為了將美女納為己有，變身成動物或想盡各種方法求歡是宙斯的一貫手法。不過這次因銅牆鐵壁阻饒而無法鑽進佳人閨房的宙斯，竟然化作黃金雨，從屋頂縫隙空降到達那厄的膝蓋上，並使其懷上珀爾修斯。

達那厄與奶媽偷偷照顧著剛出生的孩子，卻被父親發現。不肯相信女兒是遭眾神之王宙斯侵犯的阿克里西俄斯，發狠殺死奶媽，並將達那厄與珀爾修斯裝入木箱中，流放大海。

由此可知阿克里西俄斯王有多害怕神諭成真。木箱漂流至塞里福斯島時，由漁夫狄克堤斯（Dictys）將兩人救出，而他則是該地君王波呂得克忒斯（Polydectes）之弟。在他的幫助之下，珀爾修斯也平安長大。

然而，著迷於達那厄的美貌，再三逼婚的則是塞里福斯島王波呂得克忒斯。對王來說，勇猛剛健的珀爾修斯是很礙眼的存在。

就在某天，國王召集了島上的名人雅士要求他們進獻貢品。一干人齊聲表示馬才是最適合獻給國王的贈禮，但珀爾修斯因無馬可贈，遂在眾人面前發出豪語「戈爾貢的首級比馬更好」。

戈爾貢（斯忒諾、歐律阿勒、梅杜莎三姊妹）是能將觀者變成石頭的怪物。國王心想這是除掉珀爾修斯的大好機會，遂命他帶回戈爾貢首級。珀爾修斯聞言心頭涼了一截，但事到如今又不能反悔說「不」，只得踏上收服戈爾貢的旅程。

在眾神的加持下蛻變為偉大的英雄

雖然在眾人面前誇下海口，但珀爾修斯對於戈爾貢位於何處，該如何制伏她們根本毫無頭緒。而對一籌莫展的珀爾修斯伸出援手的則是女神雅典娜，以及擅長動歪腦筋的赫爾墨斯。

赫爾墨斯將能夠飛上天的涼鞋、能斬斷任何堅硬之物的金剛鐮刀，以及冥界之王黑帝斯的隱形帽借給珀爾修斯，雅典娜則帶他去找知曉戈爾貢所在處的格賴埃（Graeae）三姐妹。

從格賴埃口中問出戈爾貢所在處的珀爾修斯，戴上帽子隱形起來，再穿上飛天涼鞋接近戈爾貢。雅典娜則出借了一面磨得像鏡子一樣光亮的盾牌，以避免直接與戈爾貢對視。珀爾修斯以盾牌映照敵人，眼明手快地成功割下梅杜莎的頭顱。

失去梅杜莎的斯忒諾與歐律阿勒連忙展開追擊，但根本無法看見戴著隱形帽的珀爾修斯蹤跡。

此時，天馬佩加索斯與手持黃金劍的克律薩俄魯（Chrysaor）便從被斬斷的梅杜莎頭顱切口出生。這兩號人物則是海洋霸主波賽頓與梅杜莎的孩子。

在這之後，平安回到塞里福斯島的珀爾修斯，利用梅杜莎首級，將暴君波呂得克忒斯以及奸臣們變成石頭，救出母親，並推舉恩人狄克堤斯為王。**接著他將梅杜莎首級獻給雅典娜，女神便將此頭顱裝飾在愛用的盾牌中央。**

珀爾修斯因為年輕氣盛而陷入空前的危機，但獲得眾神的協助而克服難題，成為偉大的英雄。

小知識

格賴埃為戈爾貢的姊妹。天生就是老婦人樣貌，三人輪流共用一隻眼睛與牙齒生活。珀爾修斯奪走她們唯一的眼睛，待其說出戈爾貢所在處後才予以歸還。

事件FILE 45

一番好意成全「膚淺的願望」反而幫倒忙的

戴歐尼修斯

【西勒努斯 Silenus】

半人半獸的老者，為住在山野的精靈，具有馬的特徵。曾跟著戴歐尼修斯與巨人交戰。喝醉酒就會變得很亢奮，不但追著寧芙（年輕貌美的仙女）跑，有時甚至還會對女神赫拉或伊莉絲（Iris）伸出鹹豬手。

豐收與酒類之神戴歐尼修斯以「巴克斯」稱號名聞天下。由於戴歐尼修斯屬於新進神祇，有些人因為不認同其身分，有時會搞破壞挑戰其權威。不過，畢竟戴歐尼修斯是神，若敢對其不敬絕對開罰，從而獲得人們的信仰。

也因此緣故，有相當多關於戴歐尼修斯令不敬者發瘋或施予懲罰的故事（事件FILE16）。不過，戴歐尼修斯也曾因為受到親切對待而心懷感激地犒賞對方，卻帶來反效果演變成有點烏龍的事件。

這件事要從戴歐尼修斯帶著信眾們，前往特摩羅斯的葡萄園與帕克托洛斯河（Pactolus）

說起。原本應該跟著大家一起行動的西勒努斯，因年事已高再加上喝醉酒而跟隊伍拉開距離。在他搖搖晃晃地踱著步時，突然被弗里吉亞的人們抓住，並被帶到邁達斯王跟前。

沒想到邁達斯王一連十天熱情款待擁有過人智慧的西勒努斯後，便將他送回戴歐尼修斯身邊。對此大感歡喜的戴歐尼修斯向邁達斯表明，願意成全他的任何心願。於是邁達斯便開口懇求：

「請將我碰觸到的所有東西，通通變成閃閃發光的黃金。」

的確，世上沒有比摸到的東西全會變成黃金更了不得的事。不但能生活在遍地是黃金的環境裡，一輩子更是不愁吃穿。對邁達斯王而言，這無異於夢寐以求的心願，戴歐尼修斯本身雖覺得難過「為何不提出更有意義的心願呢」，但還是成全了邁達斯王的願望。

膚淺願望的下場

如此美好的心願，為何為讓戴歐尼修斯感嘆連連呢？

在戴歐尼修斯的成全下實現了心願的邁達斯，邊走邊逐一觸摸各種物品，看到這些物品皆變成黃金時，打從心底感到開心。從地上撿起的石頭、從樹上摘採的蘋果全都在一瞬間變為黃金，邁達斯簡直樂壞了。

然而沒多久，邁達斯便領悟到自己有多愚蠢。當時他正打算用餐。

邁達斯拿起麵包正要吃下去時，麵包卻當場變黃金。肉也變為黃澄澄的金子。舉杯欲飲葡萄酒，流進嘴裡的卻是融化的黃金。

這下縱使被數不盡的黃金包圍，也只會活活餓死罷了。**走到這一步，邁達斯才終於明白自己的願望有多蠢、點石成金的災難程度有多深。**

邁達斯只得求戴歐尼修斯垂憐。

「天父戴歐尼修斯，求您寬恕我。是我錯了，還請您大發慈悲，解救我脫離這場災難。」

戴歐尼修斯命令邁達斯「找到鄰近都城薩第斯（Sardis）的河川，登上懸崖峭壁，逆流而上，前往河川的源頭」，並告訴他「那裡有座湧泉，在此清洗頭髮與身體除去汙穢，便能擺脫點金術所帶來的災難」。

邁達斯乖乖照辦，總算從這項弊多於利的超能力中解脫。相傳自從邁達斯在此淨身後，該河川便開始產出沙金。

戴歐尼修斯是很常處罰凡人的神祇，但偶爾所發的善心到頭來還是令當事人活受罪，實在有點傷腦筋。

小知識

西勒努斯既睿智又具備預言能力，然而只有在被捉住時才會發揮這份智慧，告知對方想得知的事，因此邁達斯王為了引君入甕，特意打造一座摻著酒的泉水庭園。

神祇・英雄介紹 7

【珀爾修斯】

被珀爾修斯擊敗的戈爾貢是由斯忒諾（意為強而有力的女子）、歐律阿勒（意為足跡遠播，或飛得遙遠的女子）、梅杜莎（意為女王）所組成的怪物，她們具有蛇髮、山豬獠牙，以及巨大的黃金羽翼，能將觀者變成石頭。三姊妹中唯有梅杜莎非不死之身。

立下戰功，急著趕回塞里福斯島的途中，珀爾修斯遇到被綁在海邊岩石上的衣索比亞公主，安德洛美達。為了拯救佳人，珀爾修斯自告奮勇收拾海怪刻托斯，並成功完成任務與安德洛美達成婚，順利返回塞里福斯島。

回到塞里福斯島救出遭到迫害的達那厄後，珀爾修斯重返故鄉阿爾戈斯，在競技大賽擲鐵餅時擊中阿克里西俄斯。雖說是出於偶然，但一切皆與神諭內容不謀而合。後來珀爾修斯離開阿爾戈斯成為提林斯王，而他亦是海克力斯等眾多英雄的祖先。

珀爾修斯的神話大多與星座形成連結。一般咸認他與妻子雙雙化為英仙座與仙女座。安德洛美達的母親卡西歐佩亞成為仙后座、父親克甫斯為仙王座，海怪刻托斯則化身鯨魚座。

・本書所介紹的部分希臘神話內容與情節，同時存在著多種版本與解釋。

主要參考文獻

■阿波羅多洛斯（apollodorus）《希臘神話》，高津春繁（譯），岩波書店，1953（繁中版為2019年，木馬出版社發行）
■阿波羅尼奧斯（Apollonius）《阿爾戈英雄紀》（Argonautica），岡道男（譯），講談社，1997
■阿波羅尼奧斯《阿爾戈英雄紀》，堀川宏（譯），京都大學學術出版會，2019
■《摘自荷馬讚歌的四則希臘神話》（四つのギリシャ神話），逸身喜一郎・片山英男（譯），岩波書店，1985
■維吉爾（Publius Vergilius Maro）《牧歌／農事詩》，小川正廣（譯），京都大學學術出版會，2004
■維吉爾《歲時記》（Fasti），高橋宏之（譯），國文社，1994
■維吉爾《變形記》（Metamorphoses）（1）（2），高橋宏之（譯），京都大學學術出版會，2019，2020
■維吉爾《變形記》（上）（下），中村善也（譯），岩波書店，1981，1984
■卡爾・克雷尼（Karl Kerenyi）《希臘神話（諸神時代）》，植田兼義（譯），中央公論社，1985
■卡爾・克雷尼《希臘神話（英雄時代）》，植田兼義（譯），中央公論社，1985
■《希臘詩選》（Anthologia Graeca）（1）～（4），沓掛良彥（譯），京都大學學術出版會，2015～17
■《皮埃里亞的薔薇—希臘詩選》，沓掛良彥（譯），平凡社，1994
■皮埃爾・格里馬爾（Pierre Grimal）《希臘神話》，高津春繁（譯），白水社，1992
■高津春繁《希臘・羅馬神話辭典》（ギリシア・ローマ神話辞典）岩波書店，1960
■周藤芳幸《希臘考古學》（ギリシアの考古学）同成社，1997
■西村賀子《希臘神話：邂逅神祇與英雄》（ギリシア神話：神々と英雄に出会う）中公新書，2005
■保薩尼亞斯（Pausanias）《希臘志》（上）（下），馬場恵二（譯），岩波書店，1991，1992
■希吉努斯（Gaius Julius Hyginus）《傳說集》（Fabulae），松田治・青山照男（譯），講談社，2005
■希吉努斯《傳説集》，五之治昌比呂（譯），京都大學學術出版會，2021
■品達（Pindaros）《勝利曲 節選》，内田次信（譯），京都大學學術出版會，2001
■藤繩健三《希臘神話之世界觀》（ギリシア神話の世界観）新潮社，1971
■赫西俄德《全作品》，中務哲郎（譯），京都大學學術出版會，2013
■希羅多德（Herodotus）《歷史》（上）（中）（下），松平千秋（譯），岩波書店，1971，1972
■荷馬《荷馬讚歌》（Homeric Hymns），沓掛良彥（譯），筑摩書房，2004
■荷馬《伊利亞特》（上）（下），松平千秋（譯），岩波書店，1992
■荷馬《奧德賽》（上）（下），松平千秋（譯），岩波書店，1994
■伊夫・博納富瓦（Yves Bonnefoy）《世界神話大事典》，大修館書店，2001
■松原國師《西洋古典學事典》（西洋古典学事典）京都大學學術出版會，2010
■山川偉也《古希臘思想》（古代ギリシアの思想），講談社學術文庫，1993
■安東尼努斯・利伯拉利斯（Antoninus Liberalis）《變形記（Metamorphoses）》，安村典子（譯），講談社，2006
■《希臘悲劇全集》（ギリシア悲劇全集），岩波書店，1990～
■《希臘悲劇》（1）～（4）（ギリシア悲劇），筑摩書房，1985～
■《希臘喜劇全集》（ギリシア喜劇全集），岩波書店，2008～

【監修者簡歷】 河島思朗（Kawashima · Shiro）

1977年生於群馬縣高崎市。
曾於東京外國語大學、岩木明星大學、日本女子大學、青山學院女子短期大學、首都東京大學（現為東京都立大學）擔任兼任講師。歷經東海大學文化社會學院歐美學系副教授一職後，現為京都大學研究所副教授。出身文學研究系，主修文獻文化學與西洋古典學。
持續鑽研西洋古典學，發表許多有關古希臘、羅馬文學與神話的相關論文。
主要著作有《從基礎學習拉丁文》（基本から学ぶラテン語）（NATSUME社出版）、《開天闢地之世界神話》（はじまりが見える世界の神話）（合著，創元社出版）、《希臘文練習講義》（ギリシャ語練習プリント）（審訂，小學館出版）等。

日文版 Staff
書籍設計——TYPEFACE（主任設計師：渡邊民人、設計師：谷關笑子）
插圖——岡添 健介

八卦無極限！希臘神話事件簿

2022年2月1日初版第一刷發行

監　修　河島思朗
譯　者　陳姵君
編　輯　吳元晴
發行人　南部裕
發行所　台灣東販股份有限公司
＜地址＞台北市南京東路4段130號2F-1
＜電話＞(02)2577-8878
＜傳真＞(02)2577-8896
＜網址＞http://www.tohan.com.tw
郵撥帳號　1405049-4
法律顧問　蕭雄淋律師
總經銷　聯合發行股份有限公司
＜電話＞(02)2917-8022

TOHAN

國家圖書館出版品預行編目資料

八卦無極限!希臘神話事件簿 / 河島思朗監修 ; 陳姵君譯. -- 初版. -- 臺北市 : 臺灣東販股份有限公司, 2022.02
208面 ; 14.4×21公分
ISBN 978-626-329-085-3(平裝)

1.CST: 希臘神話

284.95　　110022161